Carr
So hält das Segel länger

BORDPRAXIS
SEEMANNSCHAFT

SO HÄLT DAS SEGEL LÄNGER

Lisa Carr

pietsch

Impressum

Einbandgestaltung: Nicole Lechner
Das Titelfoto wurde freundlicherweise zur Verfügung gestellt von:
holm segelmacherei GmbH, Plessen Straße 1, 24837 Schleswig,
Tel.: 04621/25915, Fax: 04621/25408.

Published by Waterline Books,
an imprint of Airlife Publishing Ltd.,
101 Longden Rd, Shrewsbury, England.

Die Originalausgabe ist erschienen unter dem Titel »PRACTICAL SAIL CARE AND REPAIR«. ISBN 1-85310-463-9

Deutsche Fassung: **Hermann Leifeld**

ISBN 3-613-50270-4

1. Auflage 1997

Lektorat: Oliver Schwarz
Herstellung: Katharina Jüssen
Druck: Gulde-Druck GmbH, 72070 Tübingen
Bindung: E. Riethmüller, 70176 Stuttgart
Printed in Germany

Inhalt

Einleitung

Die meisten Bücher und Zeitschriftenartikel über Pflege und Reparatur von Segeln wurden von Segelmachern geschrieben, die bequem in ihrer geräumigen Werkstatt saßen. Das ist etwas völlig anderes, als mit ansehen zu müssen, wie bei acht Windstärken das letzte Vorsegel ausweht, und dabei zu wissen, daß es noch mindestens zwei Tage bis zum nächsten Landfall dauert und daß die Aussichten, dann einen zuverlässigen Segelmacher zu finden, auch nicht unbedingt rosig sind.

Als Segler kann man drei Viertel aller Schäden an den Segeln verhindern, aber alle Vorsicht hilft nichts, wenn plötzlich eine besonders starke Bö einfällt, wenn sich eine Segellatte hinter dem Want verfängt oder wenn das Segel plötzlich an einer Stelle reißt, an der es vorher unbemerkt schamfilt hat.

Ich will daher im folgenden aufzeigen, wo die gefährdeten Punkte liegen, auf die es zu achten gilt, wie man sie verstärkt und wie man ein Segel provisorisch auf See repariert, damit es lange genug hält, um das Boot sicher in den nächsten Hafen zu bringen. Dort kann dann aus der notdürftigen Reparatur eine dauerhafte Instandsetzung werden.

Weiterhin gebe ich ein paar Tips zu selbstgebastelten Ausrüstungsgegenständen, die Platz und Geld sparen – und möglicherweise Leben retten.

Segel: Was ist was?

Segel müssen zum Boot passen und sich für den vorgesehenen Zweck eignen. Regattasegel sind beispielsweise auf die nach den Regeln erlaubte größtmögliche Segelfläche ausgelegt, aber nicht auf lange Haltbarkeit. Tourensegel hingegen sollten so konstruiert sein, daß sie möglichst viel aushalten und nur ein Mindestmaß an Pflege und Instandhaltung erfordern.

Wichtig ist es, einen Segelmacher zu finden, der zuhört, hilft und berät. Es gibt beispielsweise Segelmachereien, die nicht bereit sind, ein ungelattetes Großsegel anzufertigen; teilweise bekommt man vom Computer entworfene Segel angeboten, die möglicherweise gar nicht den längerfristigen Bedürfnissen entsprechen. Deshalb zahlt es sich für Sie aus, nach einem Segelmacher zu suchen, der auf Ihre Vorstellungen eingeht und Ihnen sagt, was aus seiner beruflichen Sicht daran falsch ist – der aber auch bereit ist, Kompromisse einzugehen, wenn er das Gefühl hat, daß Sie wissen, um was es geht.

Es gibt viele gute Bücher über die verschiedenen Riggs, die neuesten Segeldesigns und das neueste Segeltuch. Weil sich dieses Buch aber in erster Linie an den Praktiker, den fahrenden Segler richtet und auch für den Anfänger etwas bieten soll, werden in den folgenden Zeichnungen die Begriffe rund um das Segel noch einmal erläutert.

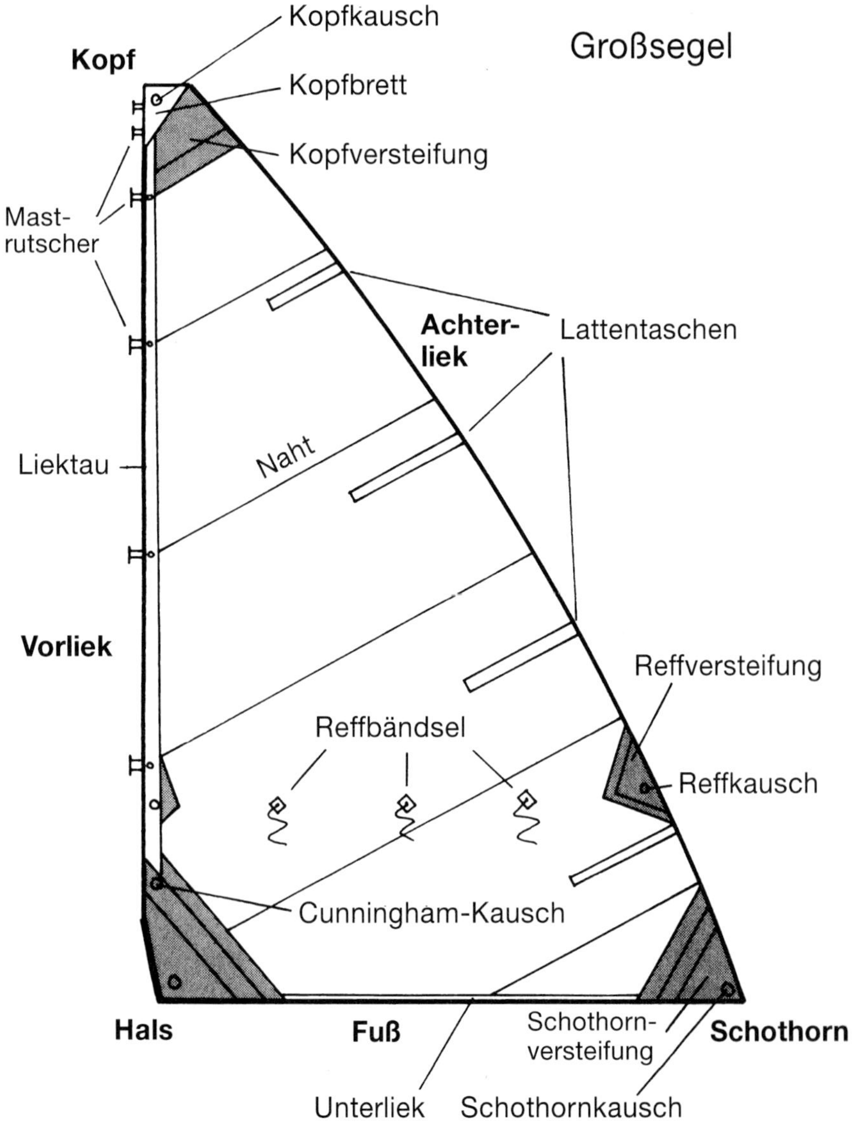

Abb. 1: Großsegel.

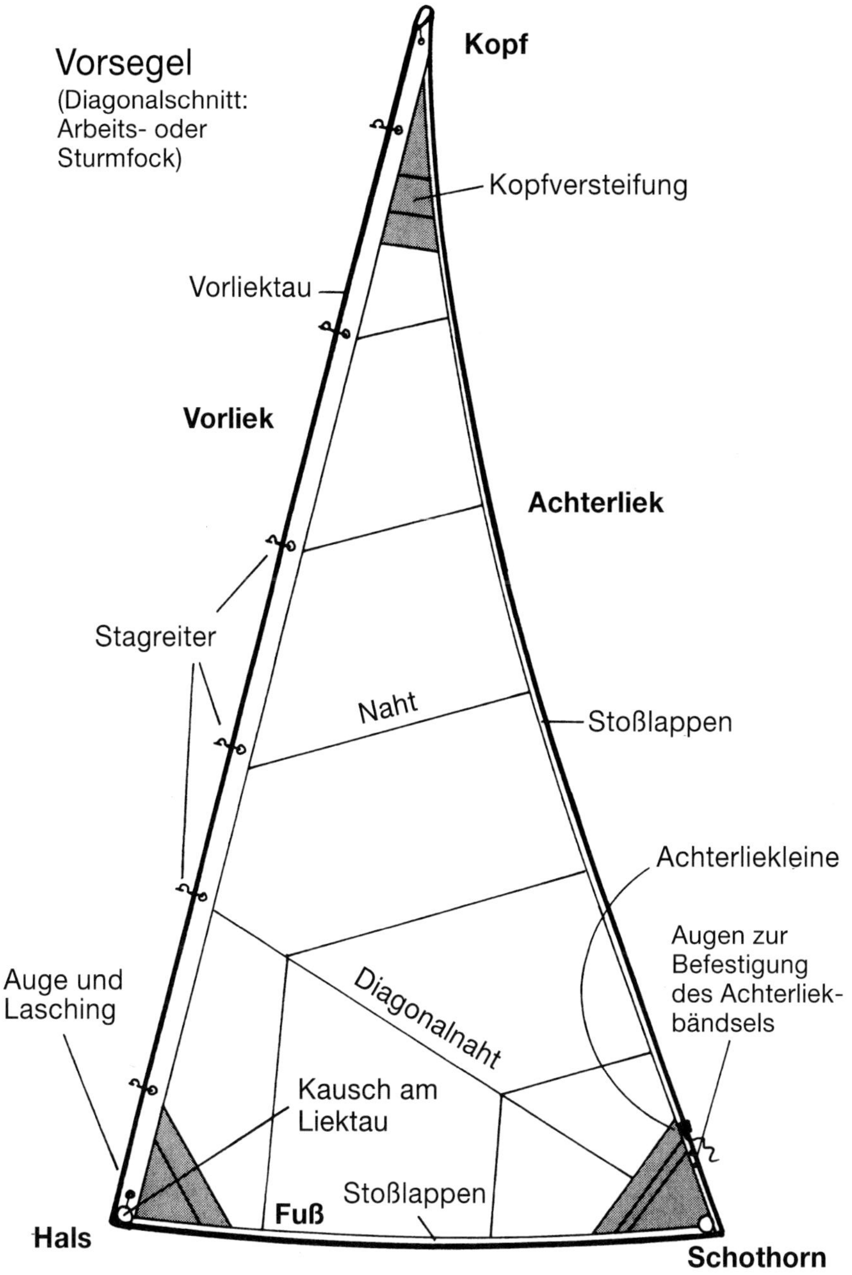

Abb. 2: Diagonalschnitt: Arbeits- oder Sturmfock.

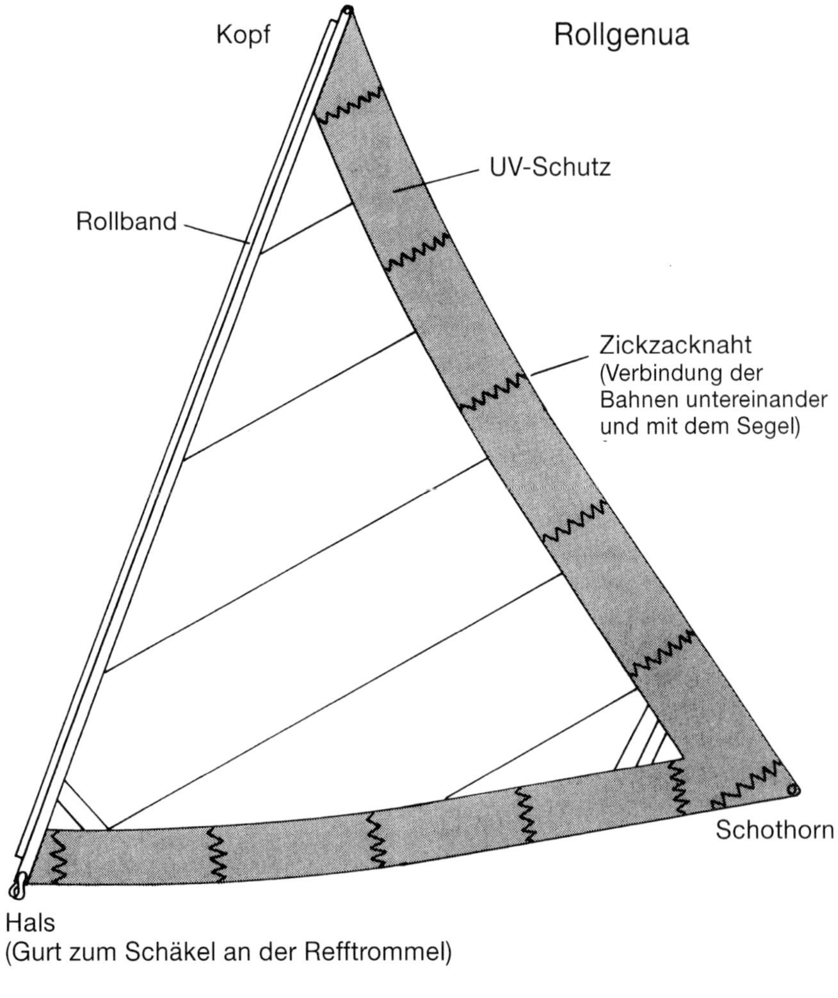
Kopf
Rollgenua
UV-Schutz
Rollband
Zickzacknaht
(Verbindung der
Bahnen untereinander
und mit dem Segel)
Schothorn
Hals
(Gurt zum Schäkel an der Refftrommel)

Abb. 3

Säubern

Segel möglichst oft mit dem Schlauch abspritzen, um Salz und Staub zu beseitigen. Vor dem Wegstauen für den Winter über Nacht in Frischwasser mit etwas Spülmittel einweichen. Hartnäckige Flecken gegebenenfalls mit einer weichen Bürste behandeln, ohne die Nähte zu beschädigen. Segel vor dem Wegstauen vollkommen trocknen lassen.

Verstauen

Vorsegel

Möglichst locker in Säcke packen, die groß genug sind und aus einem Material bestehen, das die Segel atmen läßt.

Groß- und Besansegel

Ein eventuelles Reff ausschütteln, Segel auf dem Baum zusammenfalten und festbändseln. Nicht vergessen, das Segelkleid aufzuziehen! Letzteres sollte aus hundert Prozent Acryl bestehen, weil dieses Material wasserfest und UV-beständig ist. Segeltuch ist zwar billiger, nimmt aber Wasser auf und verträgt keine Sonne. PVC läßt sich zwar schnell abwischen, ist aber nicht luftdurchlässig, so daß sich im Laufe weniger Monate durch Kondenswasser Schimmelflecken im Segel bilden.

Zusammenlegen der Segel

Segel, die dauernd in Gebrauch sind, werden am besten locker in Säcken verstaut, weil sie dann nicht ständig an den gleichen Stellen geknickt werden. Wenn sie jedoch über den Winter eingelagert werden sollen oder auf dem Boot nur begrenzt Platz zur Verfügung steht, sollten sie zusammengefaltet werden (am besten natürlich sauber, trocken und mit den Falten jedes Mal an einer anderen Stelle).
Je nachdem, um welches Segel es sich handelt und wo das Ganze stattfinden soll, gibt es unterschiedliche Methoden, ein Segel zusammenzulegen.
Bei der professionellen Methode wird das Segel in Ziehharmonikaform parallel zum Fuß zusammengefaltet. Dazu braucht man zwei Personen und einen großen freien Platz, auf dem das Segel ausgebreitet werden kann.
Für die meisten Tourenyachten dürften eher die »Einhandfaltung« und die »Bordmethode« in Frage kommen.

Ein Segel sollte nach Möglichkeit nicht immer an der gleichen Stelle zusammengefaltet werden, da das Tuch dadurch im Laufe der Zeit geschwächt wird.

Die Faltmethoden sind zwar nur anhand des Großsegels illustriert, lassen sich aber auch für Fock, Genua und Spinnaker verwenden (letzterer sollte nach der Einhandmethode zusammengelegt werden: Schothörner aufeinanderlegen und Segel in der Fußmitte noch einmal falten).

Richtig zusammengelegt, nimmt ein scheinbar sperriges Segel erstaunlich wenig Platz in Anspruch.

An Bord ist es aufgrund des Platzmangels manchmal schwierig, ein Segel im Sack zu verstauen. Das angeschlagene Vorsegel wird auf dem Seitendeck ausgelegt und anhand der Stagreiter gefaltet. Dazu die Schoten lösen, den Fuß des Segel lang auslegen und das Achterliek darüber falten. Das Schothorn ein Drittel der Unterlieksländge in Richtung Hals falten und das Segel von dort aus zum Vorstag aufrollen. Kurz vor dem Hals die Stagreiter lösen und das Segel über das Vorliek rollen. Das ergibt ein recht kompaktes Bündel, das allerdings nicht so sauber gerollt ist wie an Land.

Bei einem Drahtvorliek ist darauf zu achten, daß es keine Kinken bekommt. Im Idealfall wird das Liek aufgerollt und die Rolle flach auf das Segel gelegt, das dann herumgewickelt wird. Wenn das nicht möglich ist, kommt die vorige Methode zur Anwendung; dabei wird aber nicht vom Schothorn aus gewickelt, sondern das Segel im Abstand von etwa einem Meter bis drei Meter vor dem Hals gefaltet. Anschließend die Stagreiter lösen und das Drahtliek in losen Windungen achtförmig auf das Segel legen, das dann von beiden Seiten darüber zusammengelegt wird.

Das Großsegel nimmt man zum Zusammenlegen an Bord einfach ab, dreht es um (Hals nach hinten) und legt es über den Baum. Dann legt man es auf dem Kabinendach zusammen. Auf diese Weise bleibt das Achterliek gerade und die Segellatten werden nicht verdreht.

Abb. 4: Zusammenlegen des Großsegels. Diese professionelle Methode erfordert zwei Personen und eine glatte Fläche für das Segel. Der Abstand zwischen den Faltlinien sollte etwa zwei Drittel der Breite des Segelsacks betragen, wobei die Faltlinien im rechten Winkel zum Achterliek verlaufen (um die Latten nicht zu verbiegen). Die Versteifungen an Kopf, Hals und Schothorn sollten möglichst nicht gefaltet werden.

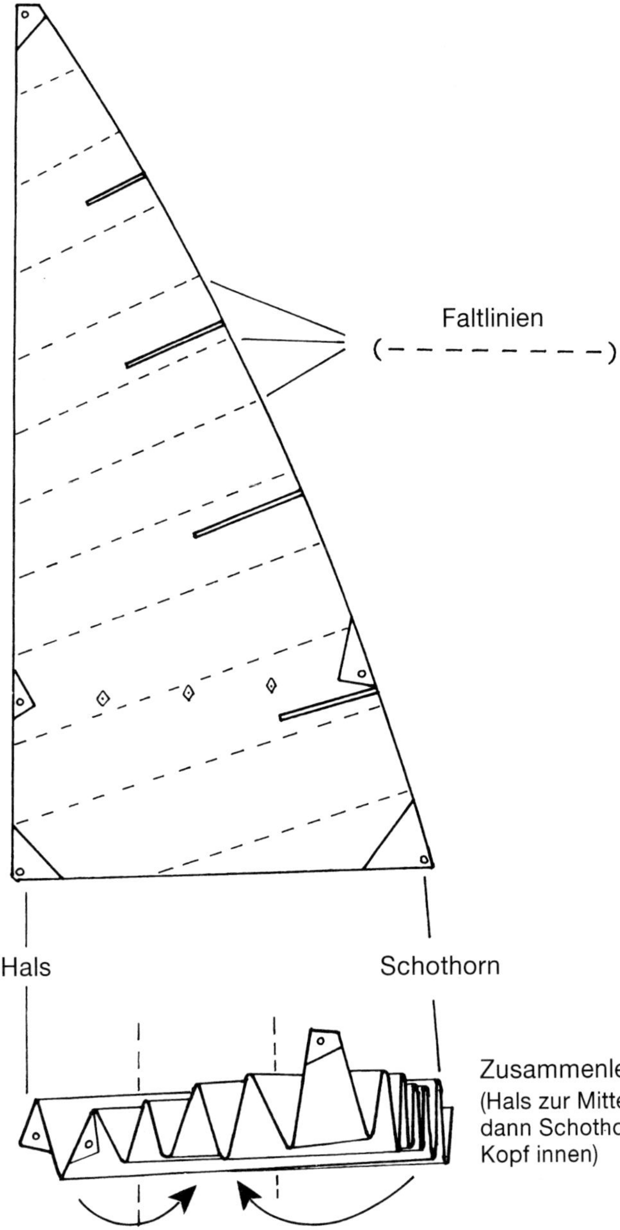

Zusammenlegen
(Hals zur Mitte,
dann Schothorn zur Mitte,
Kopf innen)

Abb. 5: Die Einhandfaltung.
Diese Methode bietet den Vorteil, daß das Segel auch auf einer rauhen Oberfläche (z.B. Beton) zusammengelegt werden kann, weil es nicht hin und her gezogen werden muß.
Der Abstand zwischen den senkrechten Faltlinien ist im wesentlichen abhängig von der Länge der längsten Segellatte und der Höhe des Segelsacks. Im Hinblick auf den Stauraum könnte es günstiger sein, das Segel dreimal statt zweimal zu falten. Aufgerollt ist es dann kürzer, aber sperriger.
Kopf des Segels an einem Poller auf der Pier festbändseln oder ausreichend beschweren. Segel am Hals fassen und in Richtung Schothorn falten; losen Sand und Staub von der Oberfläche abwischen. Die ersten beiden Lagen noch einmal überschlagen und erneut abwischen. Segel vom Kopf zum Schothorn auf die Hälfte zusammenfalten und von der Faltstelle aus locker aufrollen; dabei immer wieder abwischen. Segel im Sack verstauen.

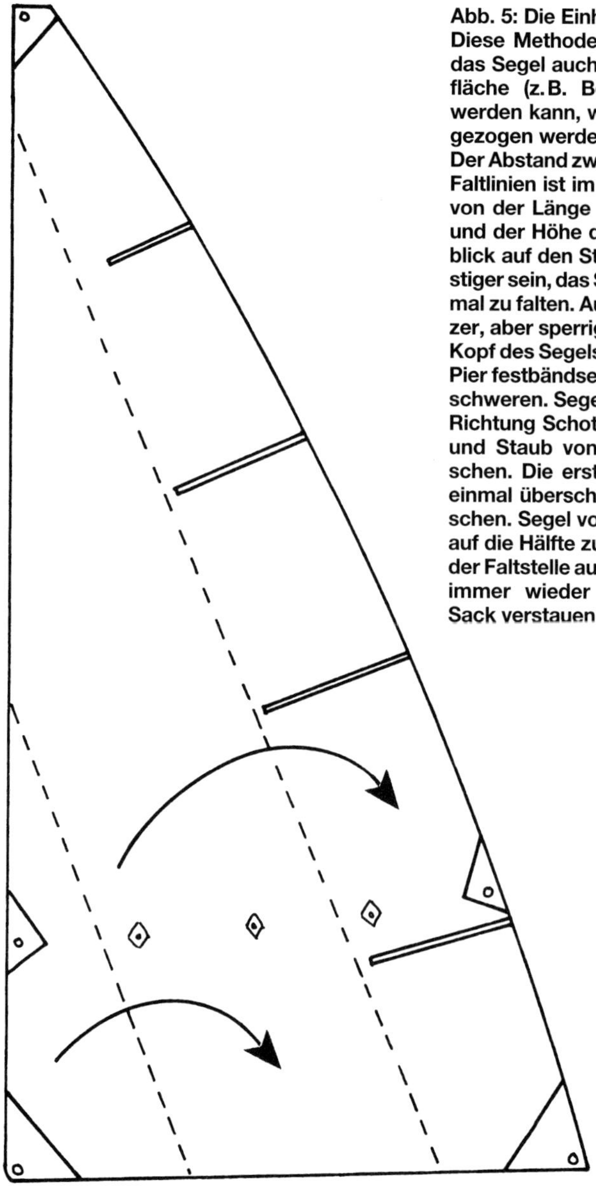

Segel und Fahrtensegeln

Die meisten Blauwassersegler müssen mit einem festen Etat auskommen. Die Hälfte von denen, die ich kennengelernt habe, sind entweder junge Leute, die ein Jahr – oder auch länger – gespart haben, um so lange zu segeln, wie das Geld reicht, oder Ältere, die nichts mehr zu Hause hält, nachdem die Kinder ihre eigenen Wege gegangen sind, oder Rentner, die jetzt endlich so leben, wie sie es sich jahrelang erträumt haben.

Dazu kommen dann wir, die wir nicht in irgendein Schema passen und uns für diese Lebensart entschieden haben, weil wir uns nichts anderes vorstellen können. Und wir alle sind wohl die letzten wahrhaft freien Menschen.

Frei sind wir allerdings nur so lange, wie das Geld reicht und der Wind noch weht. Auf einer Tourenyacht muß das meiste Geld (nach den Lebensmitteln) für die Antriebskräfte aufgewendet werden – Segel und Motor.

Ob bei Tagestörns im Mittelmeer und in der Karibik oder bei einer Ozeanüberquerung – wenn kein unbegrenzter Kraftstoffvorrat und keine starke Maschine zur Verfügung stehen, sind es letztendlich die Segel, die das Boot an sein Ziel bringen. Aber auch wenn diese Segel vom besten Segelmacher der Welt stammen, sind sie doch nur das Arbeitspferd der Yacht und werden oft schwer mißhandelt.

Segel halten einfach weitaus länger, wenn sie die richtige Pflege und Aufmerksamkeit bekommen.

Keinesfalls darf das Tuch überbeansprucht und zu stark gereckt werden, weil das Segel für die jeweiligen Windverhältnisse zu leicht oder die Segelfläche zu groß ist. Besser zu früh gerefft oder ein kleineres Segel gesetzt als fünf Minuten zu spät (diese paar Minuten können eine Menge Schaden anrichten, der sich vielleicht erst später zeigt – meist zu spät).

Beim Setzen muß das Segel klar von allen Hindernissen bleiben; das gilt besonders für das Großsegel, dessen Kopfbrett und Latten sich nur allzu leicht unter den Salingen oder hinter den Wanten verfangen (75 Prozent aller Großsegelreparaturen gehen darauf zurück).

Bei Vorsegeln mit Stagreitern ist darauf zu achten, daß die Stagreiter frei und unbehindert am Vorstag laufen und daß das Vorliek keine Kinken aufweist.

Bei Vorsegeln mit Rollreff müssen die einzelnen Teile des Profilvorstags genau ausgerichtet sein und dürfen an den Paßstellen keine rau-

hen Kanten aufweisen, die zum Verschleißen des Liektaus führen könnten.
Wenn zum Niederholen am Segel gezogen werden muß, nimmt man nicht das Achterliek, sondern das weitaus stärkere Vorliek, weil dann das Segeltuch nicht gereckt wird. Bei einem in den Baum gerefften Großsegel muß vor dem Lösen des Großfalls die Dirk durchgesetzt werden (damit der Zug auf dem Achterliek nicht zu groß wird); außerdem sollte sich am Lümmel eine Scheibe aus sechs Millimeter Aluminium (mit abgerundeten Kanten) befinden, die verhindert, daß das Liektau nach vorn gezogen wird und sich möglicherweise verklemmt. Wenn über die zweite Segellatte hinaus gerefft werden muß, sollte das innere Ende der Latte mit einem alten Handtuch oder einem Stück Schaumstoff abgepolstert werden, damit es nicht gegen das Segel drückt und das Tuch aus der Form bringt. Außerdem verhindert diese Polsterung, daß die Latte sich verdreht (was passieren kann, wenn das Segel zu eng aufgerollt wird).
Zum Motorsegeln (was oft der Fall ist im Mittelmeer, wo ja entweder Flaute herrscht oder der Wind mit aller Kraft gegenan steht) wird das Vorsegel niedergeholt, es sei denn, es handelt sich um eine flach geschnittene Fock oder einen Flieger. Außerdem muß das Großsegel mittels Cunningham oder Flachreff steifgesetzt werden; ein flach getrimmtes Segel bringt einen oder zwei Knoten mehr Fahrt und stützt das Boot. Es muß allerdings durch einen Bullenstander gesichert werden, damit es nicht hin und her schlägt und dabei Schaden nimmt. Auch die Nerven der Crew werden dabei geschont!
Das Rollen des Bootes vor Anker in einem Hafen mit starkem Schwell läßt sich verringern, indem man das einmal gereffte Besansegel (auf einer Ketsch) bzw. das zweifach gereffte Großsegel (auf einer Slup) möglichst flach und steif durchsetzt. Anstelle des Großsegels kann auch das Sturm-Trysegel (sofern vorhanden) gesetzt werden; eine bessere Wirkung erzielt man jedoch, indem man die Sturmfock mit dem Großfall am Achterstag setzt, und zwar mit dem Hals nach oben. Auf diese Weise erhält man die größtmögliche Fläche am höchsten und wirkungsvollsten Punkt; mit einer einzelnen Schot, die zu einer Fallwinsch am Mast geführt wird, läßt sich das Segel vollkommen flach trimmen (wenn das das einzige Mal ist, daß Sie Ihre Sturmfock brauchen, können Sie sich glücklich schätzen!).
Es gibt aber noch andere Verwendungsmöglichkeit für dieses kleine, aber vielseitig nutzbare Segel. Bei sehr schwachem Wind kann es als eine Art Wassersegel die Lücke unter dem Baum ausfüllen – das ist ein alter Trick der bretonischen Fischer mit ihren gaffelgetakelten Booten. Der Kopf des Segels wird am Lüm-

melbeschlag befestigt und der Hals an der Baumnock (möglichst weit achtern); vom Schothorn führt eine leichte Leine zum unteren Großschotblock. Auf diese Weise wird die Sturmfock zu einer Verlängerung des Großsegels und braucht beim Wenden nicht einmal übergelegt zu werden (im Cockpit einer modernen Slup ist das Segel zwar im Wege, aber einen Versuch ist es allemal wert).

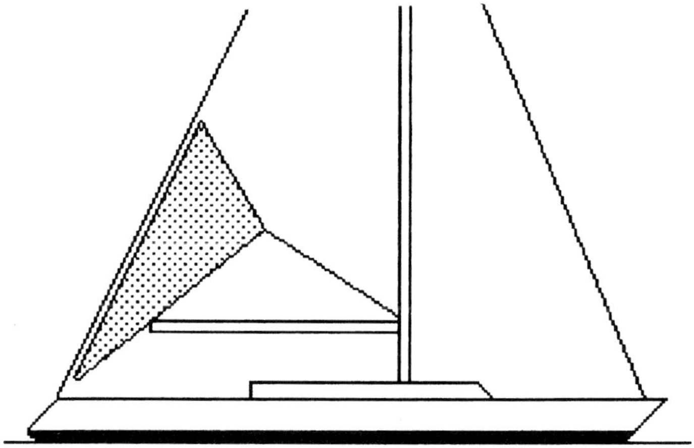

Abb. 6: Sturmfock als Stützsegel.

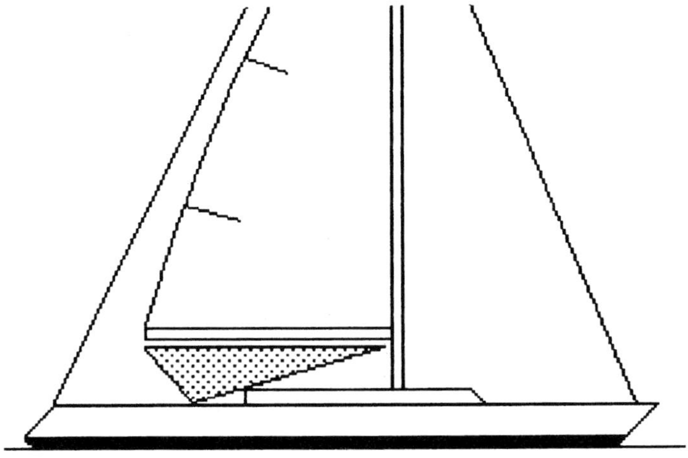

Abb. 7: Sturmfock als »Wassersegel«.

Segel säubern

Wer fühlt sich nicht besser, wenn er nach ein paar Tagen auf See im Hafen eine Frischwasserdusche genommen hat? Nun, den Segeln geht es nicht anders!
Gesäuberte, gewaschene und gegen UV-Strahlung geschützte Segel sehen nicht nur besser aus, sondern halten auch länger.
Weil sich in den Nähten Flugsand und Salz ansammeln und auf Tuch und Garn wie Schmirgel einwirken, sollten die Segel mit Frischwasser abgespritzt werden, sooft es geht. Als Alternative kommen Regenschauer in Frage, solange der Wind dabei nicht zu stark ist und die Segel anschließend trocknen können.
Bevor ein Segel eingepackt wird, sollten beschädigte Stellen ausgebessert und Flecken nach Möglichkeit beseitigt werden; nach der Behandlung wird es über Nacht in warmem Wasser mit flüssigem Waschmittel eingeweicht und anschließend sorgfältig ausgespült. Zum Wegstauen muß das Segel vollkommen trocken sein (siehe »Tips zur Segelpflege«).

Flecken beseitigen

Die wahrscheinlichsten Ursachen für Flecken im Segel sind Rost, Schimmel, Öl, Teer, Fett und Klebstoff – und Grüße von der Möwe, die sich auf den Salingen oder im Masttopp niedergelassen hat.
Bei den im folgenden aufgezeigten Reinigungsmethoden kommen teilweise giftige, schädliche und entflammbare Mittel zum Einsatz, also Vorsicht: Gummihandschuhe anziehen, nichts verschütten (Eimer mit Frischwasser bereithalten und alte Kleidung tragen), nicht rauchen und nach Möglichkeit im Freien arbeiten (oder in einem gut belüfteten Raum).
Die jeweilige Reinigungsmethode im Zweifelsfall erst an einem kleinen Stück Segeltuch ausprobieren, am besten an einem ähnlichen Fleck.

Flecken: Ursache und Beseitigung

Rost: Ursachen

Drahtvorliek, gesenkgeschmiedete Endbeschläge an Kopf und Hals (auch Edelstahldraht kann Flecken im Tuch hinterlassen, und verzinkter Draht bricht am Endbeschlag, so daß Wasser eindringen kann und der Draht an der Bruchstelle korrodiert).
Segel an Stellen mit rostiger Farbe oder rostigen Dosen verstaut.
Vorsegel beim Niederholen vor Anker mit der Kette in Kontakt gekommen.
Draht von einem Drahtbürstenvorsatz für die Bohrmaschine. Wenn

Drahtstücke von dem Bohrmaschinenvorsatz abbrechen, können sie sich im Segel fangen und werden erst bemerkt, wenn sie durch die Feuchtigkeit zu rosten beginnen.
Segelkleid: Befestigungsknöpfe oder Ösen aus eisenhaltigem und damit rostendem Metall.

Rost: Vorbeugung

Drahtvorliek und gesenkgeschmiedete Endbeschläge regelmäßig überprüfen.
Segel abdecken. Vorsegel in Säcken verstauen; Säcke an oberstem Relingsdraht festbändseln, wenn die Segel angeschlagen bleiben.
Groß-/Besansegel mit einem (nicht zu engen) Kleid um Mast und Baum schützen.

Rost – Beseitigung

Es sind viele Rostentferner auf dem Markt, die sich aber möglicherweise nicht für Textilien eignen. Deshalb die Anwendungshinweise genau durchlesen (besser ein fleckiges, aber intaktes Segel als ein makellos aussehendes mit Schwachstellen).

Chemische Mittel

Oxalsäure (giftig): In Kristallform in den meisten Apotheken erhältlich. 30 g in einem Plastik- oder Glasgefäß – *kein* Metall – in einem halben Liter Wasser auflösen. Fleckige Stelle eine oder zwei Stunden einweichen, anschließend gut ausspülen.
Salzsäure: Zweiprozentige Lösung; Behandlung wie oben.

Organische Mittel

Rhabarber (!): Enthält Oxalsäure und ist in der passenden Jahreszeit billig. In etwas Wasser zu einer breiigen Masse verkochen, auf die Roststelle auftragen und ein bis zwei Stunden einwirken lassen; anschließend mit Wasser abspülen.

Schimmel: Ursachen

Segel feucht eingepackt und Salz nicht ausgewaschen (Salzkristalle nehmen Feuchtigkeit auf).
Segel an einem feuchten und schlecht gelüfteten Ort gelagert.
Segelkleid aus PVC oder anderem undurchlässigen Material.

Schimmel: Beseitigung

Schimmelflecken über Nacht in warmem Wasser mit biologischem Waschmittel einweichen. Vorsichtig mit einer weichen Bürste behandeln. Wenn das nicht hilft, zusätzlich etwas Bleichmittel in die Lösung geben.
Anschließend gut ausspülen.

Öl, Teer, Fett und Diesel: Ursachen

- Unbemerktes Verschütten von Motoröl.
- Diesel in der Bilge.
- Teer vom Landausflug an den Schuhen.
- Nach dem Auftanken Diesel an Deck.
- Am Motor gearbeitet, anschließend Segel angefaßt.
- Vor dem Segelheißen Sonnenschutzmittel aufgetragen.
- Anker in öl- oder teerverschmutztem Wasser aufgeholt; Wasser ist aufs Vordeck getropft.

Öl, Teer, Fett und Diesel: Vorbeugung

- Bootsschuhe nur an Bord tragen.
- Vorsegel nach Möglichkeit nur durch die Vorschiffsluke an Deck nehmen und nicht durch das Cockpit.
- Deck nach dem Auftanken mit Reinigungsmittel abschrubben.

Öl, Teer, Fett und Diesel: Beseitigung

Neue Flecken möglichst bald mit warmem Wasser und biologischem Reinigungsmittel auswaschen.
Stellen mit älteren Flecken 15 Minuten in Aceton einweichen. Das sollte den Flecken ausreichend lösen, ohne das Segeltuch zu beschädigen.
Reste vorsichtig mit einem mit Reiniger (kein Scheuermittel) befeuchteten Schwamm abwischen, ohne eventuelle Nähte zu behandeln.
Segel anschließend in Frischwasser ausspülen.

Klebstoff: Ursachen

Segelembleme und -nummern hinterlassen unsichtbare Rückstände, wenn sie sich lösen oder abgezogen werden.
Das gilt auch für Flicken, die provisorisch mit Kontaktkleber befestigt worden sind.

Klebstoff: Vorbeugung

Segelnummern und andere Embleme sollten angenäht werden, wenn sie sich an den Ecken zu lösen beginnen.
Zum Aufkleben von Flicken im Rahmen einer provisorischen Reparatur farblosen anstelle des billigeren braunen Kontaktklebers verwenden.

Klebstoff: Beseitigung

Lose Klebstoffreste mit einem sauberen, trockenen Tuch von außen nach innen abreiben. Anschließend mit einem Mittel auf Mineralölbasis, z. B. Waschbenzin oder Tetrachlorkohlenstoff, behandeln (erhältlich in Drogerien und Apotheken).

Blut: Ursachen

Kratzer, Schnittverletzungen. Meuterei?

Blut: Beseitigung

Fleck möglichst in kaltem Frischwasser einweichen (Flecken, die älter als ein oder zwei Stunden sind, setzen sich durch Salzwasser nur noch fester in den Stoff).
Bei frischen Blutflecken hilft ein alter Schneidertrick: Ein sauberes Stück Stoff einspeicheln und den Fleck damit bearbeiten, bis er fast nicht mehr zu sehen ist. Anschließend in Frischwasser einweichen und häufig spülen, bis auch die letzte rote Farbe verschwunden ist.

Möwendreck: Vorbeugung

Alte Flagge, Papierdrachen oder sonst etwas, das auch bei leichtestem Wind flattert, in den Masttopp vorheißen. Für die Salinge ein paar Streifen Spinnakertuch an den Flaggleinen aufheißen.

Möwendreck: Beseitigung

Getrockneten Dreck vorsichtig abkratzen und Flecken in warmem, leicht gesalzenem Wasser unter Zugabe von biologischem Reiniger einweichen – am besten über Nacht; notfalls vorsichtig abschrubben. Mit reichlich Wasser ausspülen und trocknen lassen.
Das sollte jeden Fleck beseitigen, solange der Vogel sich artgemäß ernährt hat.

Schutz der Segel

Der schlimmste Feind des Segels ist die Sonne. Als grober Anhaltspunkt kann dienen, daß ein Segel für jeden Monat, den es der UV-Strahlung ausgesetzt ist, ein Jahr weniger hält. Segelkleid und Segelsack sind deshalb unverzichtbar; aber was ist, wenn diese Ausrüstungsgegenstände in Stücke zerfallen oder über Bord gehen und kein Segelmacher aufzufinden ist? Selbermachen heißt die Devise!

Segelkleider

Für ein Segelkleid brauchen Sie ein paar grundlegende Maße, eine Nähmaschine mit Zickzack- bzw. Geradstich (oder unendliche Geduld) und die folgenden Hilfsmittel:

- Schneiderschere,
- Bürohefter,
- Bandmaß,
- Schneiderkreide,
- Millimeterpapier,
- Haken und Ösen,
- 3-mm-Leine (geflochtenes Liektau ist ideal),
- 2 kurze Stücke Klettband,
- doppelseitiges Klebeband.

Zuerst wird das Segel normal auf dem Baum zusammengelegt, und zwar nicht zu ordentlich, weil das Segelkleid sonst möglicherweise zu knapp ausfällt. Dann werden gemäß Abb. 8 die entsprechenden Maße genommen.

a) Abstand zwischen Oberkante Segel und Unterkante Baum;
b) Mastumfang (einschließlich Fallen, wenn sie nicht abgenommen werden sollen);
c) Länge des Baums von Vorderkante Mast bis Ende Segel;
d) Baumumfang (zwischen Segel und Baumnock müssen 5 cm frei sein, damit das Bündchen ordentlich sitzt);
e) Umfang von Segel und Baum 50 cm hinter der Mastmitte; diesen Wert durch zwei teilen;
f) Umfang von Segel und Baum weitere 50 cm hinten; wieder durch zwei teilen;
g) Umfang von Segel und Baum am Schothorn; ebenfalls durch zwei teilen;
h) Umfang von Segel und Mast am Kopfbrett; großzügig messen, damit sich das Kopfbrett später nicht durch das Segelkleid drückt;

Abbildung 8 maßstabgerecht auf Millimeterpapier übertragen, dabei für den unteren Saum 3 cm und für den vorderen Saum 5 cm zugeben und die Bündchen auf 1 cm verkleinern. Die Zeichnung müßte jetzt aussehen wie die linke Seite in Abb. 9. Nun kommt die Frage des Materials und der benötigten Menge.

Das beste Material ist Acryl, das unter verschiedenen Markennamen im Handel ist. Acryl ist eine Kunstfaser,

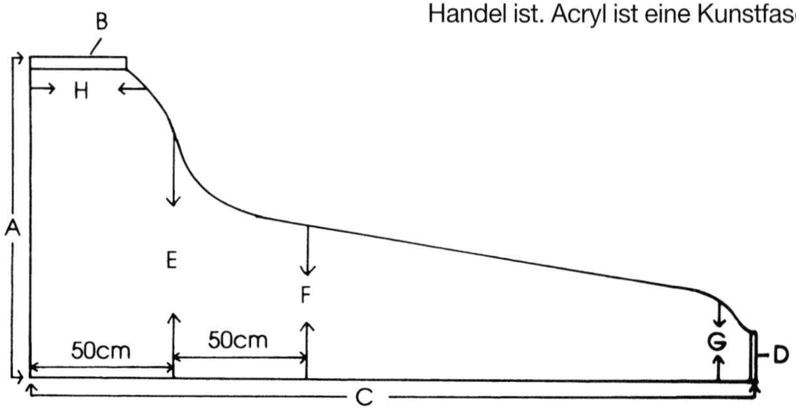

Abb. 8

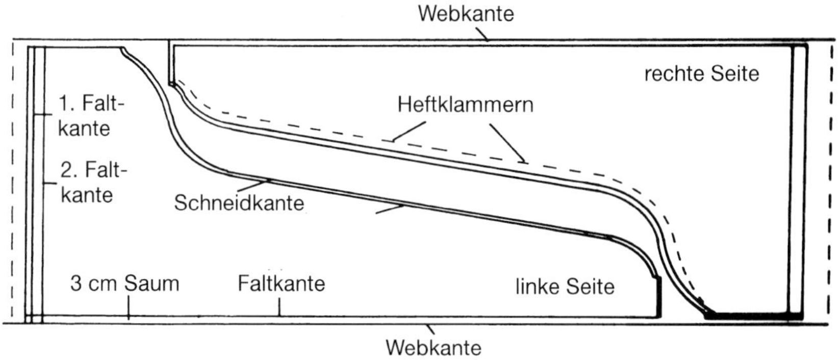

Abb. 9

garantiert fünf Jahre UV-fest, waschbar und wasserdicht, aber luftdurchlässig – im Gegensatz zu PVC, das sich als Material für ein Segelkleid nicht eignet, weil sich darunter Kondenswasser bildet, so daß Schimmelflecken auftreten können. Acrylstoff gibt es in verschiedenen Breiten – je breiter der Stoff, desto weniger Nähte.

Die Zeichnung zweimal ausschneiden, die Stoffbreite im gleichen Maßstab aufzeichnen und die Ausschnitte wie in Abb. 9 darauflegen (bzw. wie in Abb. 10, wenn Maß »A« größer ist als die Stoffbreite). Jetzt die erforderliche Gesamtlänge messen (bei Abb. 10 natürlich unter Berücksichtigung der anzusetzenden Stücke) und den Stoff kaufen.

Wie auf dem Millimeterpapier die erste Zeichnung mit Schneiderkreide auf den Stoff übertragen. Die Nahtlinie einzeichnen und parallel dazu 1 cm für den Saum zugeben. Das ergibt die Schneidkante. Den Stoff entlang dieser Kante ausschneiden und das ausgeschnittene Teil umdrehen, so daß die Webkanten übereinander liegen (siehe Abb. 9). Die beiden Teile so weit neben der Nahtlinie zusammenheften, daß der Nähmaschinenfuß nicht über die Klammern gleitet.

Wenn Maß »A« größer ist als die Stoffbreite, müssen die zusätzlichen Stücke vor dem Zuschneiden und Zusammenheften angesetzt werden. Zunächst ein Stück auf der ersten Seite ansetzen, ausschneiden und umdrehen. Jetzt ist zu sehen, wo das Stück auf der zweiten Seite angesetzt werden muß.

Wenn der Hefter nicht weit genug über die Nahtlinie ragt, wird das überschüssige Material abgeschnitten, so daß ein langer Streifen übrig bleibt. Daraus werden die Bündchen für den Mast und den Baum genäht (siehe Abb. 11).

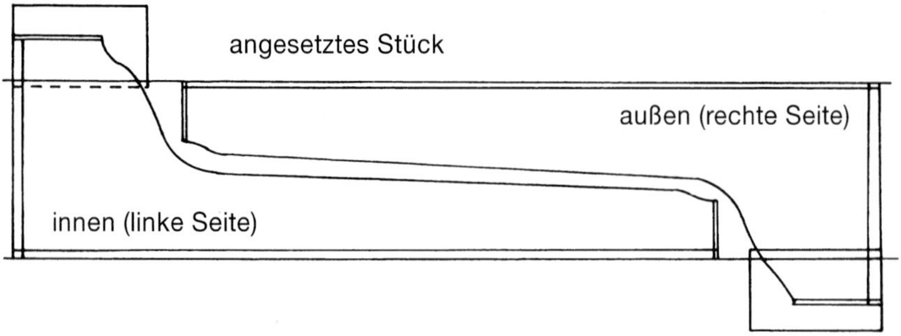

Abb. 10

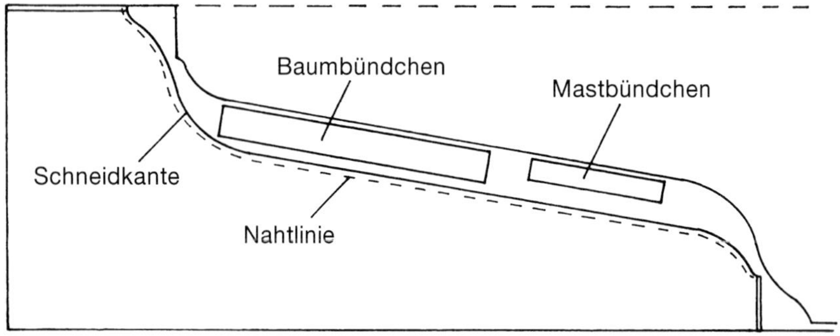

Abb. 11

Nähmaschine auf Geradstich stellen und an der Nahtlinie entlangnähen. Die Schneidkanten mit einem Lötkolben anschmelzen, damit sie nicht ausfransen, und in den Innenkurven in Richtung Nahtlinie einschneiden. Heftklammern entfernen. Segelkleid jetzt vom schmalen Ende aus mit der rechten Seite nach oben ausbreiten und mit breitem Zickzackstich unmittelbar an der Naht über der Nahtzugabe hinunternähen. Das sieht sauberer aus. Der dem Sonnenlicht ausgesetzte Faden hält zwar nicht so lange, aber die erste Naht mit Geradstich sorgt dafür, daß das Segelkleid nicht auseinanderfällt.

Nun die 3 cm an den Webkanten einschlagen und zweimal absteppen. An der Vorderseite einmal 1 cm und dann noch einmal 4 cm einschlagen und ebenfalls zweimal absteppen (Saum zum Nähen mit einem warmen Bügeleisen plätten oder mit Klammern festheften).

Für das Mastbündchen Maß »B« um 12 cm verlängern. Einen 15 cm breiten Streifen von dieser Länge ausschneiden und die eine Längsseite

mit einem Lötkolben anschmelzen. Die andere Kante rechts auf rechts auf die Kante des Segelkleids legen, wo es um den Mast herumführt, und entlang der Nahtlinie feststeppen (siehe Abb. 12). Bündchen hochklappen, Saum einschlagen, wieder falten und die Enden absteppen (siehe Abb. 13). Jetzt die rechte Seite nach außen wenden und die Oberkante passend zur ersten Naht umschlagen. Anbügeln oder festklammern und das Bündchen rundum absteppen.
Ein Stück Klettband von der Länge des überlappenden Teils zurechtschneiden und den einen Teil auf der linken Seite und den anderen Teil auf der rechten Seite des Bündchens annähen. Ein Stück 3-mm-Leine von der zweieinhalbfachen Länge von Maß »B« in der Mitte des Bündchens annähen (siehe Abb. 14). Das Bündchen für den Baum nach der gleichen Methode aus einem 9 cm breiten Streifen nähen.
Eine Alternative zur Befestigung des Segelkleids an Mast und Baum besteht darin, die Oberkante und das Ende des ausgeschnittenen Stoffs um 7 cm zu verlängern (statt der 1 cm für die Saumzugabe), und zwar parallel zur Webkante für den Mast und im rechten Winkel dazu für den Baum (ein Bündchen um den Mast sieht aber sauberer aus und ist genauso leicht zu befestigen).

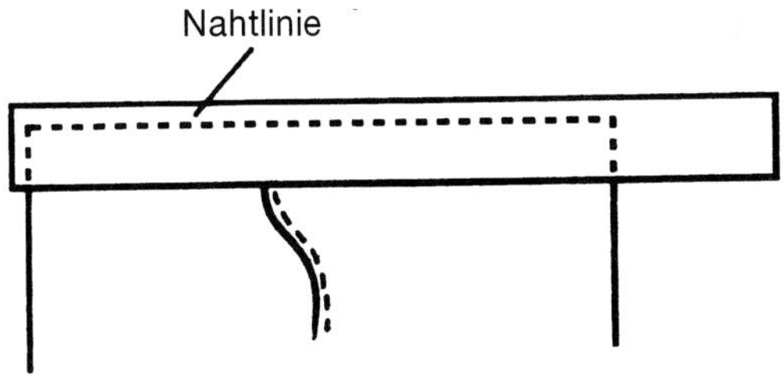

Abb. 12

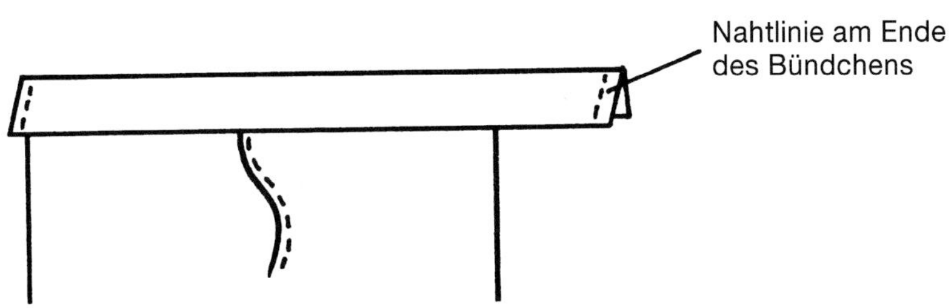

Abb. 13

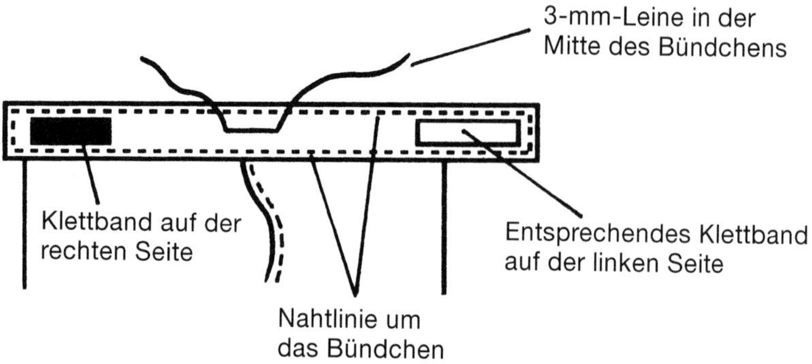
3-mm-Leine in der
Mitte des Bündchens
Klettband auf der
rechten Seite
Entsprechendes Klettband
auf der linken Seite
Nahtlinie um
das Bündchen

Abb. 14

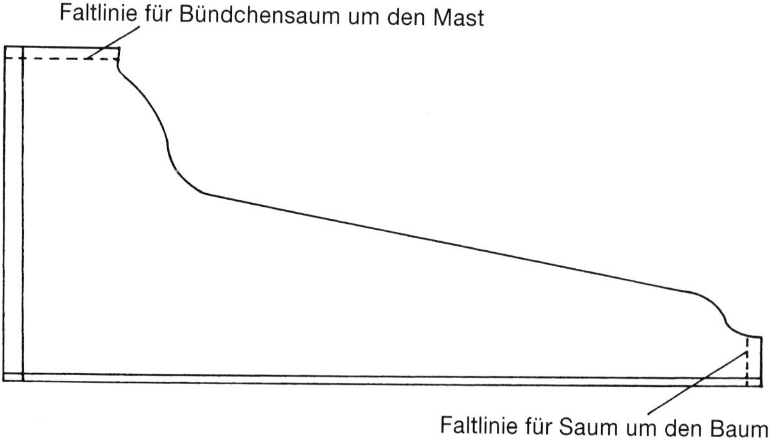
Faltlinie für Bündchensaum um den Mast
Faltlinie für Saum um den Baum

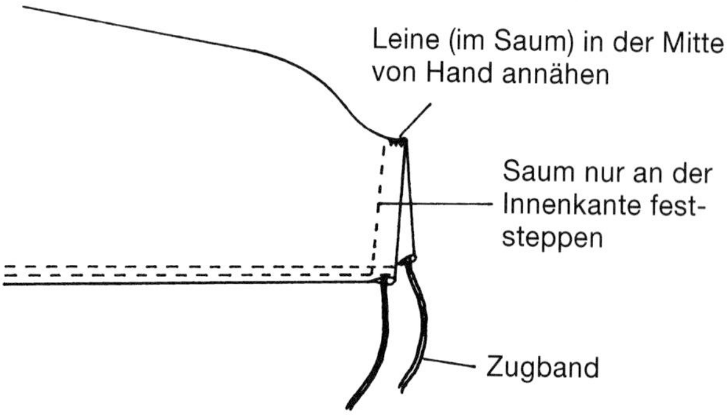
Leine (im Saum) in der Mitte
von Hand annähen
Saum nur an der
Innenkante fest-
steppen
Zugband

Abb. 15

Nach dem Absteppen des vorderen und des unteren Saums (siehe Abb. 15) oben und am Ende erst 1 cm und dann noch einmal 3 cm einschlagen und an der Innenkante absteppen. Ausreichend lange Leine (zweieinhalbfache Länge) in den Saum einfädeln, die Enden ausrichten und mit Nadel und Faden an der Naht feststecken, damit sie nicht herausgezogen werden kann.

Jetzt geht es darum, wie das Segelkleid befestigt werden soll. Dazu gibt es mehrere Möglichkeiten. Die einfachste (und wahrscheinlich auch dauerhafteste) ist die Verwendung von Haken und Ösen aus Nylon, die beim Segelmacher zu bekommen sein sollten. Die flachen Nylonplättchen lassen sich in der Regel mit einer normalen Nähmaschine annähen. Vorn werden sie im Abstand von etwa 30 cm angebracht, unten alle 75-100 cm, das erste 20 cm hinter dem Mast.

Manche Segler bevorzugen aufgenähte Haken auf der einen und Metallösen auf der anderen Seite, durch die dann eine feste oder elastische Leine geführt wird. Der Nachteil einer elastischen Leine ist der, daß sie schließlich ihre Elastizität verliert, wenn sie längere Zeit der Sonne ausgesetzt ist. Eine weitere Möglichkeit sind zwei Reihen Ösen mit einem einzelnen Band. Das macht das Anbringen des Segelkleids allerdings zu einer zeitraubenden Angelegenheit. Gleiches gilt für einzeln aufgenähte Bänder. Auch »Drehknöpfe« kommen in Frage, sind aber nicht zu empfehlen, weil die Grundplatte scharfe Kanten hat, die in den Stoff einschneiden und ausreißen. Außerdem korrodiert jede Art von Metall irgendwann und muß dann ersetzt werden.

Das Segelkleid kann nun angebracht werden. Wenn sich allerdings am abzudeckenden Teil des Masts Winschen oder eine Mastleiter befinden, muß das noch speziell berücksichtigt werden.

Für die Mastleiter, deren Stufen am besten frei bleiben, Höhe und Breite der Stufe messen und ein Stück Stoff zuschneiden, das 10 cm länger und breiter ist. Auf der linken Seite des Stoffes die Stufe mit ihren genauen Abmessungen anzeichnen und die Kanten mit einem Lötkolben anschmelzen. Umriß der Stufe auf das Segelkleid zeichnen und den Stoffflecken rechts auf rechts darauflegen, so daß sich die Stufenumrisse decken. Entlang der Mittellinie einschneiden (siehe Abb. 16), den Besatz nach innen einschlagen und doppelt absteppen – einmal unmittelbar an der Aussparung und dann an der Besatzkante.

Für Winschen wird auf die gleiche Weise eine kreisförmige Aussparung ausgeschnitten und abgenäht. Wenn die Winsch jedoch ebenfalls abgedeckt werden soll und das Segelkleid nicht weit genug ist, muß an der entsprechenden Stelle noch ein Stück aufgenäht werden.

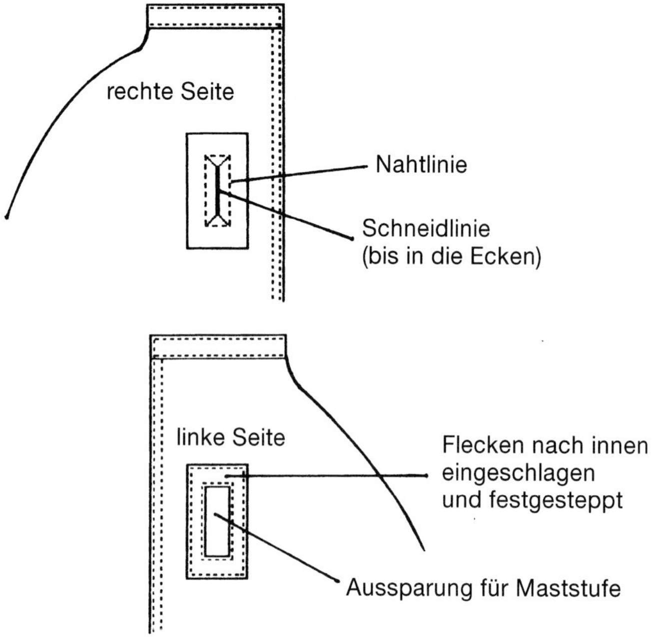

Abb. 16

Als erstes auf dem Segelkleid den genauen Mittelpunkt der Winsch anzeichnen.
Dann Umfang und Höhe der Winsch messen und ein rechteckiges Stück Stoff mit diesen Abmessungen plus 2 cm Nahtzugabe ausschneiden. Radius des Kreises mit Hilfe der Kreiszahl pi aus dem Umfang errechnen oder bei fehlender mathematischer Begabung an einem Teller oder einer Schüssel mit etwa dem gleichen Umfang abmessen. Einen kreisförmigen Stofflecken ausschneiden, am seitlichen Ansatzstück festheften und Ansatz an der kurzen Seite heften.

Ansatzstück (mit der linken Seite nach außen) über die Winsch ziehen, um sicherzustellen, daß es nicht zu klein ist. Es sollte nicht zu eng sitzen, weil es ja durch das Segelkleid gehalten wird und etwas Spielraum vorhanden sein muß. Die kurzen Seiten übereinanderlegen, Nahtlinie anzeichnen und feststeppen. Rechte Seite nach außen stülpen und noch einmal prüfen, ob es paßt.
Mit einem Zirkel oder einem anderen Hilfsmittel einen Kreis auf das Segelkleid zeichnen. Ein weiterer Kreis 1cm weiter innen bildet die Schneidlinie. Die 1 cm breite Naht-

Abb. 17: Dieses Segelkleid überdeckt alle Mastfittings. Vorstehende Maststufen und Winschen können aber auch gesondert berücksichtigt werden.

zugabe bis an den äußeren Kreis, die Nahtlinie, einschneiden (siehe Abb. 18).
Einen Streifen Doppelklebeband unten auf die rechte Seite der Winschabdeckung kleben. Auf der Innenseite 1 cm über der Kante eine Nahtlinie anzeichnen. Zum Nähen die Abdeckung am besten mit Papier ausstopfen, damit sie die richtige Form hat. Jetzt das Papier vom Doppelklebeband abziehen und die Abdeckung von der rechten Seite durch das Loch schieben, bis Linie A und Linie B aufeinanderliegen (siehe Abb. 19).
Die eingeschnittene Nahtzugabe an das Klebeband drücken, das Segelkleid umstülpen und die Winschabdeckung innen sorgfältig mit geradem Stich an der Linie festnähen. Nahtzugabe in die Winschabdek-

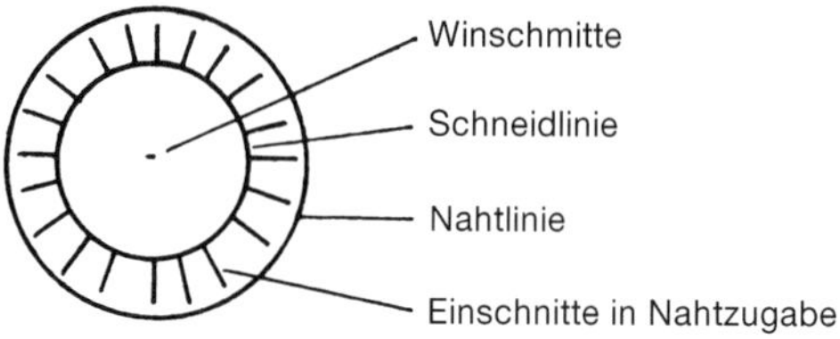

Abb. 18

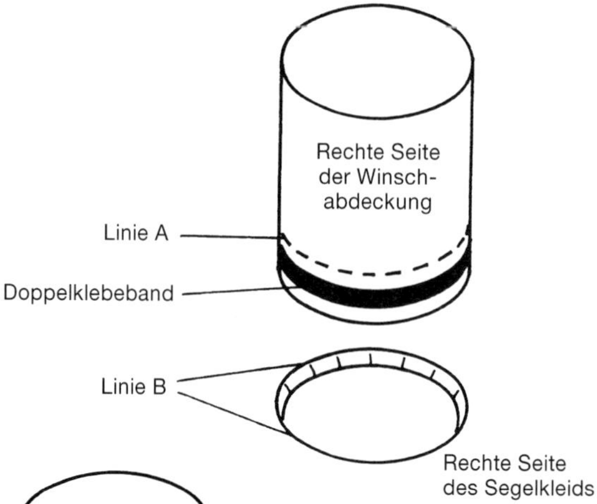

Abb. 19

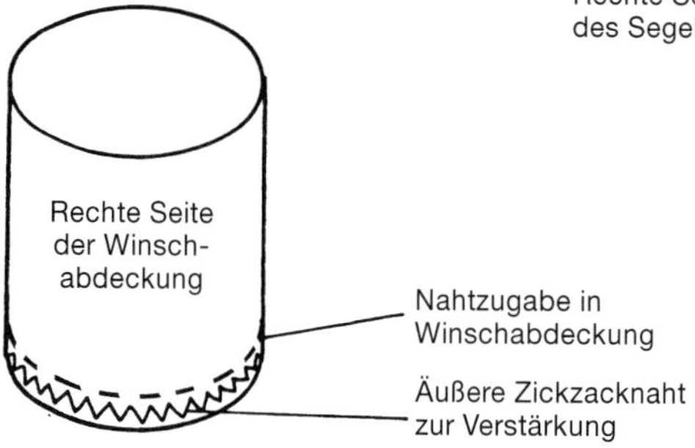

Abb. 20

kung drücken und mit Zickzackstich von außen feststeppen (siehe Abb. 20).
Und das war's dann schon, es sei denn, das Segelkleid soll noch mit dem Bootsnamen verziert werden. Das geht am schnellsten, wenn die Buchstaben aus Emblemstoff ausgeschnitten werden, den es beim Segelmacher meist in den Farben weiß, rot und blau zu kaufen gibt. Die Buchstaben sollten vor dem Aufkleben in den richtigen Abständen angeordnet werden.

Wichtig ist die genaue horizontale Ausrichtung des Bootsnamens. Bevor die benötigten Buchstaben aus dem relativ teuren selbstklebenden Stoff ausgeschnitten werden, sollte man sie ein paarmal probehalber zeichnen. Wer keine künstlerische Ader besitzt, beschränkt sich am besten auf Großbuchstaben. Künstlerisch Veranlagte haben die Wahl zwischen unendlich vielen phantasievollen und prägnanten Ausführungen. Abb. 21 gibt ein paar hilfreiche Tips.

SE A E AGL E	So nicht: Die Abstände sind ungleichmäßig und die Buchstaben unterschiedlich groß.
SEA EAGLE	Großbuchstaben mit gleichmäßigen Abständen und auf einer Ebene. Sieht gut aus.
FAST LADY	Großbuchstaben in Kursivschrift suggerieren Geschwindigkeit und passen hier gut zum Namen.
CLOUD NINE	Großbuchstaben mit Serifen. Schwerer auszuschneiden, aber stilvoll.
Shadowfax	Groß- und Kleinbuchstaben
Sweet Dream	Schwerer auszuschneiden und auszurichten, aber elegant.

Abb. 21

Emblemstoff wird nach dem Aufkleben am besten noch festgebügelt (geringe Hitze), und zwar wie vor der Erfindung des Dampfbügeleisens, d. h., unter Verwendung eines feuchten Tuchs.

Ein solches Segelkleid berechtigt den Besitzer, Stolz zu zeigen, weil es gut aussieht und dazu noch selbstgemacht ist. Es ist leicht aufzuziehen und abzunehmen und sollte daher bei jeder sich bietenden Gelegenheit benutzt werden. Der Schutz, den es bietet, verlängert das Leben des Großsegels um viele Jahre. Sonnensegel oder ähnliches sollten nach Möglichkeit nicht auf dem Segelkleid ruhen, weil es an der betreffenden Stelle durchgescheuert werden könnte.

Segelsäcke

Segelsäcke müssen breit und tief genug sein, um ein locker zusammengelegtes Segel aufzunehmen.

Wenn ein Vorsegel über Nacht oder sonst einen längeren Zeitraum am Vorstag angeschlagen bleibt, muß es vor UV-Strahlung und Schadstoffen in der Luft geschützt werden. Bei einem passenden Segelsack kann man schnell zuerst das Schothorn hineinstopfen (die Schoten kommen nur bis zur Tiefe des Segelsacks mit hinein) und dann den Rest des Segels, den Sack mit dem Zugband zubinden und ihn dann mit einem Slipknoten am Vorstag festbändseln. Anschließend wird der Tragegriff am oberen Re-

Abb. 22: Letzte Korrekturen an einem Segelkleid, das das Segel jahrelang schützt.

lingsdraht befestigt, so daß Sack und Segel klar vom Deck sind. Das Fall bleibt dran und wird ebenfalls durch das Zugband gesichert.

Das bedeutet, daß das Vorsegel im Notfall nahezu verzugslos vorgeheißt werden kann, gleichzeitig aber sauber verstaut und geschützt ist.

Bei gekauften oder mit dem Segel gelieferten Segelsäcken besteht der Boden meistens aus einem aufgenähten runden Stück Stoff. Oft führt das Gewicht des Segels in diesem Fall dazu, daß die Naht reißt. Einen festeren Segelsack (der auch besser durch eine Luke paßt) erhält man, wenn man ihn aus einem Stück mit quadratischer Grundfläche näht.

Wenn das Luk nicht groß genug ist für einen Segelsack oder wenn das Segel grundsätzlich nicht unter Deck verstaut wird, sollte der Sack kürzer und breiter genäht werden, weil sich das Segel dann leichter einpacken läßt. Die Abmessungen sind abhängig von der Größe des Segels; grundsätzlich gilt jedoch, daß der Sack so groß sein muß, daß das Segel locker darin verstaut werden kann.

Abb. 23: Das Segel ist im Sack verstaut und kann praktisch augenblicklich vorgeheißt werden, weil es noch am Vorstag angeschlagen ist und die Schoten nicht abgenommen wurden.

Abb. 24: Das Segel ist klar vom Deck.

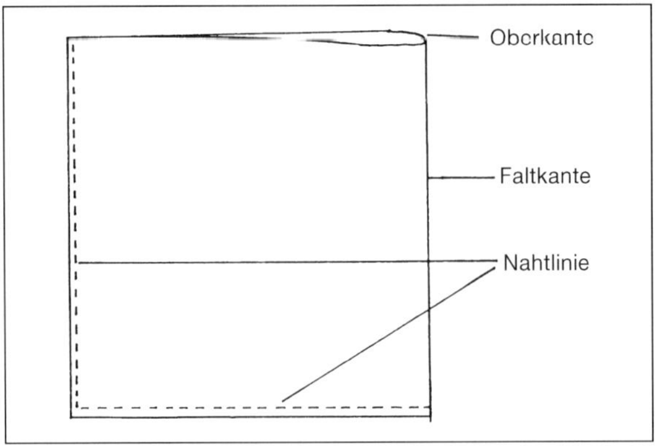

Abb. 25

Ein Stück Stoff in der Länge des erforderlichen Sackumfangs und mit dem Eineinhalbfachen der erforderlichen Tiefe auf die Hälfte falten und seitlich und unten mit Geradstich feststeppen (siehe Abb. 25).
Zur Verstärkung die Nahtzugabe andrücken und von der rechten Seite mit Zickzackstich seitlich von der Naht festnähen. Es macht nichts, wenn die Zickzacknaht nicht ganz bis in die Ecken reicht.
Unterkante des Sacks messen und Wert halbieren. Faltkante mit Schneiderkreide markieren. Sack mit der Innenseite nach außen über

die Ecken falten, so daß die untere Naht auf der einen Seite auf der Faltkante und auf der anderen Seite auf der Seitennaht liegt. Nahtlinien und Falten mit Nadeln feststecken (siehe Abb. 26).
Den halbierten Wert (z.B. 50 cm) nehmen und mit einem Lineal von der Mittelnaht aus jeweils 25 cm zur Faltkante abmessen (siehe Abb. 27).
Linien markieren und absteppen; die Enden zusammenbinden.
Ecken zur Mitte einfalten, so daß sich ein Quadrat ergibt, und wie in Abb. 28 feststeppen.
Für das Zugband oben 1 cm unter der Kante und weitere 4 cm darunter zwei Linien anzeichnen. Einen 10 cm x 4 cm großen Stoffflecken ausschneiden, innen im Sack so anheften, daß die Längsseite die zweite Linie berührt, und rundherum feststeppen. Dieser Flecken dient als Verstärkung für die Metallösen, durch die das Zugband geführt wird. Stellen für die Ösen im Abstand von 6 cm und 1 cm unterhalb der Oberkante des Fleckens anzeichnen und Ösen einsetzen (siehe Abb. 29).
Stoff an der ersten und dann an der zweiten Faltlinie einschlagen. Schnur durch die eine Öse einführen, herumziehen und aus der anderen Öse wieder herausziehen und die Enden miteinander verknoten. Schnur im Saum nach oben schieben und Saum entlang der Unterkante feststeppen (siehe Abb. 30).

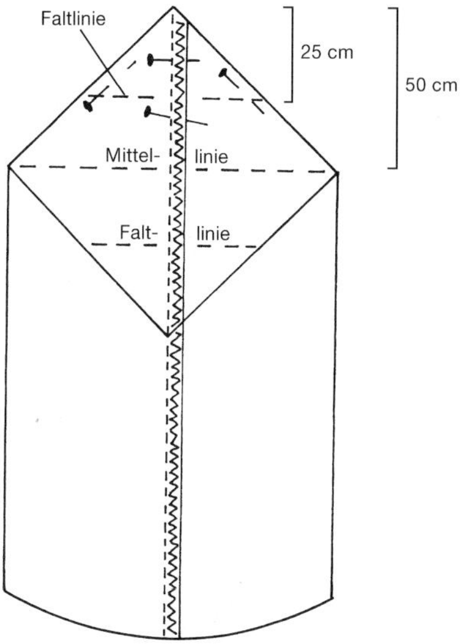

Abb. 26

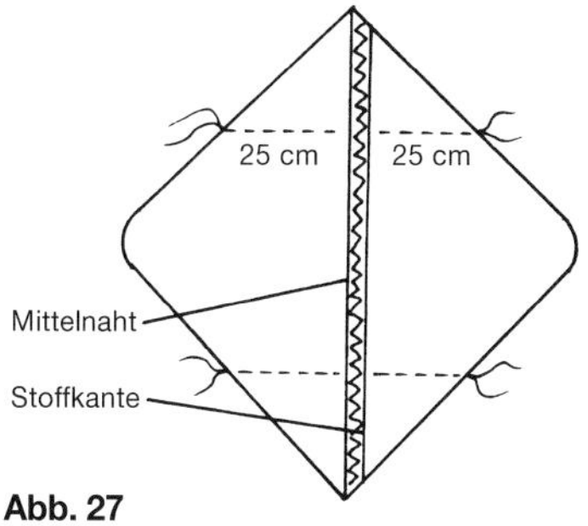

Abb. 27

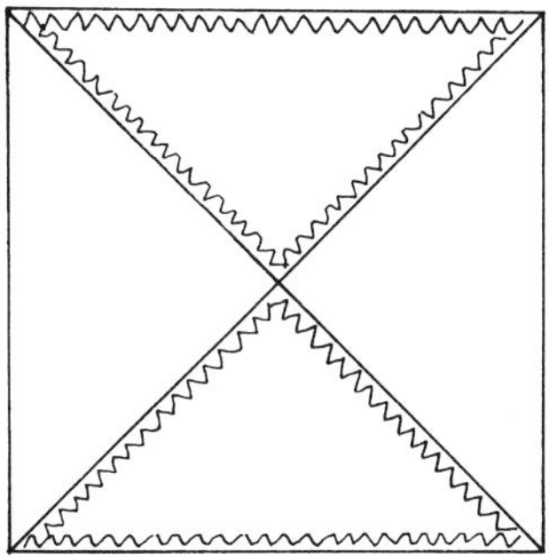
Abb. 28

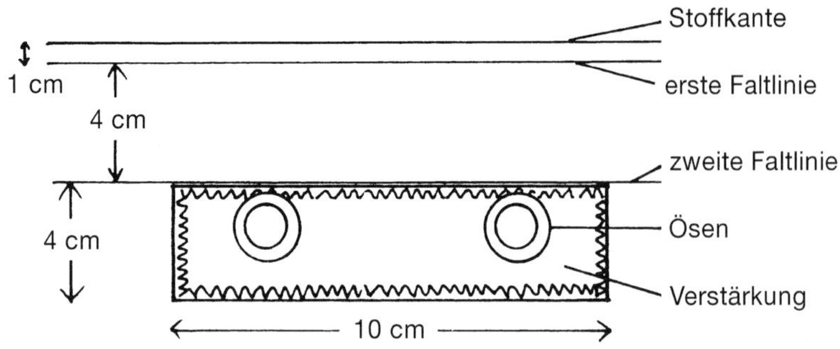

Abb. 29

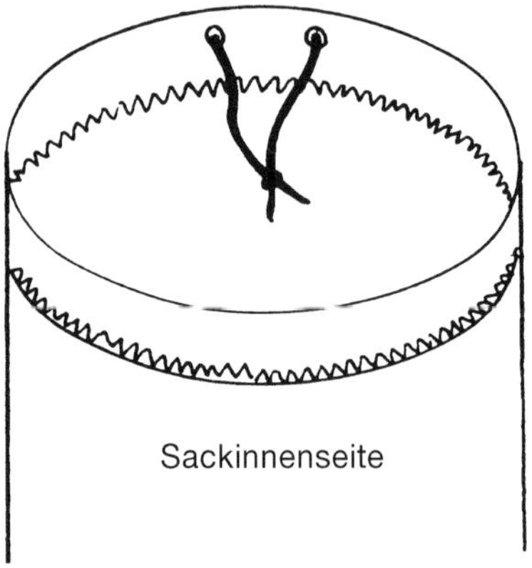

Abb. 30

Es gibt verschiedene Möglichkeiten, unten am Sack einen Griff anzubringen.

1) Den stabilsten Griff erhält man mittels zweier Ösen in der Mitte der beiden Dreiecke. Abstand zwischen den beiden Ösen messen und einen 2 cm breiten Streifen Gurtband der entsprechenden Länge plus 15 cm zuschneiden. Enden des Gurtbands von außen durch die Ösen schieben, bis auf beiden Seiten 7 cm zu sehen sind. Gurtband dabei nicht verdrehen. Die Enden zum Rand hin anheften und festnähen (siehe Abb. 32).
2) Anstelle von Gurtband kann man auch einen kurzen Tampen nehmen. Die beiden Enden innen im Sack miteinander verknoten oder mit jeweils einem Achtknoten am Ausrauschen hindern. Bei dieser Methode kommt jedoch starker Zug auf die Ösen, so daß die Gefahr besteht, daß sie ausreißen.
3) Das Gurtband kann auch einfach von außen aufgenäht werden. Wenn jedoch einmal ein nasses Segel verstaut werden muß, kann hierbei das Wasser nicht ablaufen.

Auf alle drei genannten Arten läßt sich auch seitlich ein Griff anbringen; dazu muß aber innen erst eine Verstärkung eingenäht werden.

Abb. 31: Tragegriff aus Gurtband.

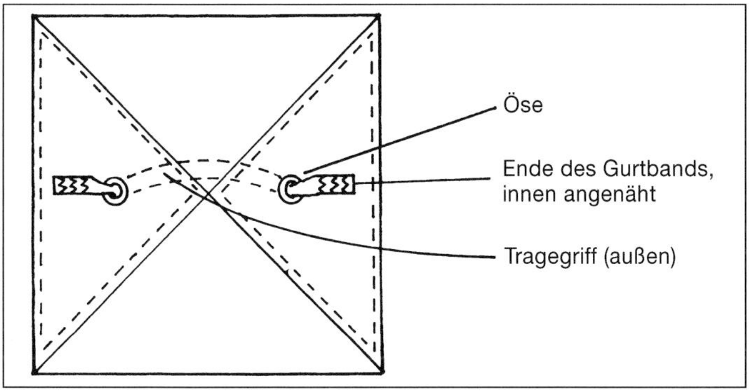

Abb. 32

Einen passenden Segelsack, der durch die Decksluke paßt, erhält man, indem man das Maß der Luke nimmt und den Stoff auf diese Länge zuschneidet. In diesem Fall muß der Sack allerdings tiefer werden. Für die Ecken werden die Maße zweier gegenüberliegender Seiten genommen. Wenn die Luke also beispielsweise 55 cm x 40 cm mißt, ergibt sich ein rechteckiger Querschnitt. Je nachdem, welches Maß gewählt wird, sind die Ecken ein Stück voneinander entfernt (Abb. 33a) oder überlappen sich (Abb. 33b).

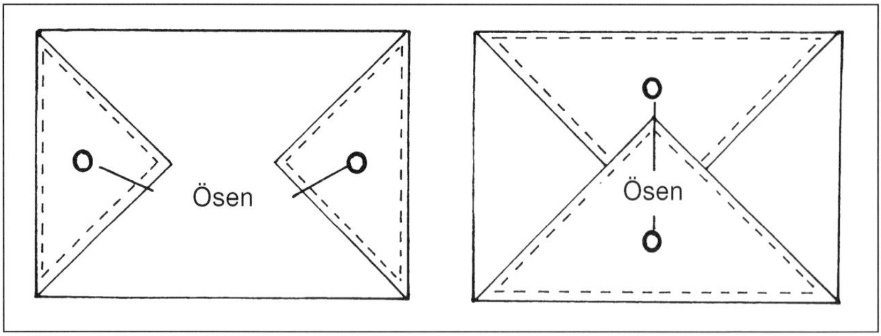

Abb. 33a & b

Abb. 34: Das fertige Produkt.

Einen professionelleren Anstrich bekommt das Ganze noch, wenn außen auf dem Segelsack zu lesen ist, welches Segel er enthält. Die Bezeichnung des Segels, also beispielsweise »GENUA 1« oder »STURMFOCK«, wird mit Hilfe eines wasserfesten Filzschreibers und einer großformatigen Schablone aufgetragen. Der praktische Nutzen dieser Maßnahme erweist sich, wenn Gäste oder neue Besatzungsmitglieder an Bord sind oder wenn man wirklich mal das Pech haben sollte, bei schwerem Wetter nach den Sturmsegeln suchen zu müssen.
In diesem Zusammenhang sollte auch gleich der Bootsname hinzugesetzt werden. Das sieht nicht nur seemännisch aus, sondern verhindert auch Verwechslungen, falls das Segel mal zum Segelmacher muß oder irgendwo eingelagert wird.

UV-Schutz – Rollfock

Eine Rollfock, die außer beim Segeln die meiste Zeit eingerollt ist, benötigt einen – wie auch immer gearteten – Schutz vor UV-Strahlung und Luftschadstoffen, wie sie oft in der Nähe großer Hafenanlagen auftreten. Dazu dient entweder ein »Schlauch«, der wie ein Strumpf über das Segel gezogen wird, oder meistens ein aufgenähter Schutzstreifen aus UV-festem Material.

Bei der Wahl des Stoffes für den Schutzstreifen spielt das Gewicht des Segeltuchs eine wichtige Rolle. Weil der Schutzstreifen auf das Achterliek genäht wird, darf er nicht unnötig schwer sein, damit das Segel bei Leichtwind seine aerodynamische Form behält. Der Stoff für den Schutzstreifen muß deshalb leichter sein als das eigentliche Segeltuch; der Streifen dient nur zum Schutz des Segels und wird normalerweise nicht belastet.
Verschiedene Hersteller bieten UV-geschütztes (aber nicht UV-festes) Segeltuch und andere Stoffe an, die speziell für den Einsatz unter starker und anhaltender UV-Strahlung konzipiert sind – beispielsweise für Biminitops. Am besten erkundigt man sich erst einmal, was zur Verfügung steht, und entscheidet sich dann, ob der Schutzstreifen farbig zum Segeltuch kontrastieren soll, etwa in Dunkelblau (das angeblich die UV-Strahlung besser abweist als andere Farben), oder ob er Ton in Ton mit dem Segeltuch gehalten sein soll, beispielsweise cremeweiß.
Das Aufnähen des Schutzstreifens bereitet keinerlei Probleme, erfordert aber an Kopf, Schothorn und Hals Handarbeit, wenn keine Industrienähmaschine zur Verfügung steht.

Um den Materialbedarf festzustellen, die Länge des Achterlieks messen und dieses Maß durch die Stoffbreite teilen. Das ergibt die Anzahl

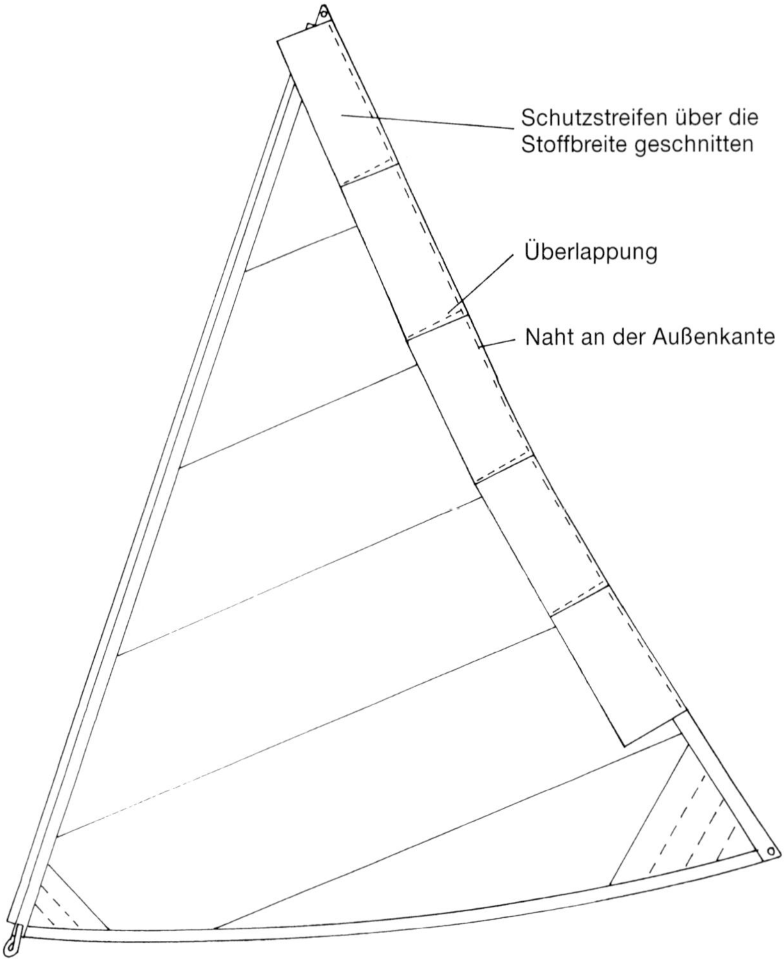
Schutzstreifen über die
Stoffbreite geschnitten
Überlappung
Naht an der Außenkante

Abb. 35

der benötigten Bahnen. Die Bahnenbreite entspricht dem (im rechten Winkel zum Achterliek gemessenen) Umfang des eingerollten Segels plus 10 cm Zugabe. Auf die gleiche Weise wird der Materialbedarf für das Unterliek ermittelt. Hier werden 5-8 cm zugegeben (je nachdem, wie eng das Segel eingerollt wird). Anschließend die einzelnen Bahnen mit Hilfe eines Lötkolbens mit flacher Klinge und eines Metallineals zuschneiden.
Bei eingerolltem Segel eine Markierung am Schothorn anbringen, damit der Schutzstreifen nicht versehentlich auf die falsche Seite des Segels genäht wird.
Am Kopf beginnend, die erste Bahn am Achterliek ansetzen (gegebenenfalls das Achterlieksbändsel zur Mitte des Stoßlappens schieben) und möglichst nahe an der Kante feststeppen. Etwa 2 cm vor der Webkante die nächste Bahn unterschieben und beide zusammen annähen; damit wird die Rundung berücksichtigt und sichergestellt, daß sich die Innenkanten der Bahnen überlappen (siehe Abb. 35).
Auf diese Weise nach und nach die weiteren Bahnen bis zum Schothorn ansetzen. Wenn die Maschine für die dort befindliche Versteifung zu schwach ist, muß von Hand genäht werden. An der Stelle, an der das Achterlieksbändsel aus der Öse herauskommt und in einer Klemme belegt ist, wird ein Stück aus der Bahn herausgeschnitten und sauber vernäht (siehe Abb. 36).
Am Unterliek die erste Bahn unter die letzte Bahn des Achterlieks schieben und mit der Kante ausrichten (siehe Abb. 37).
Da das Unterliek nach außen gekrümmt ist, braucht die Überlappung nicht so groß auszufallen.

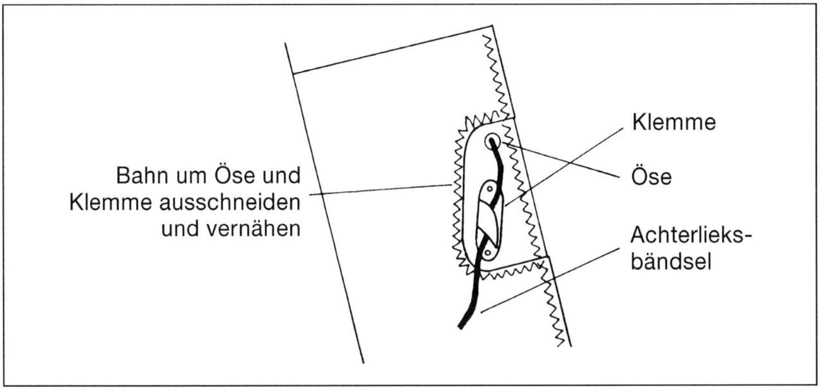

Abb. 36

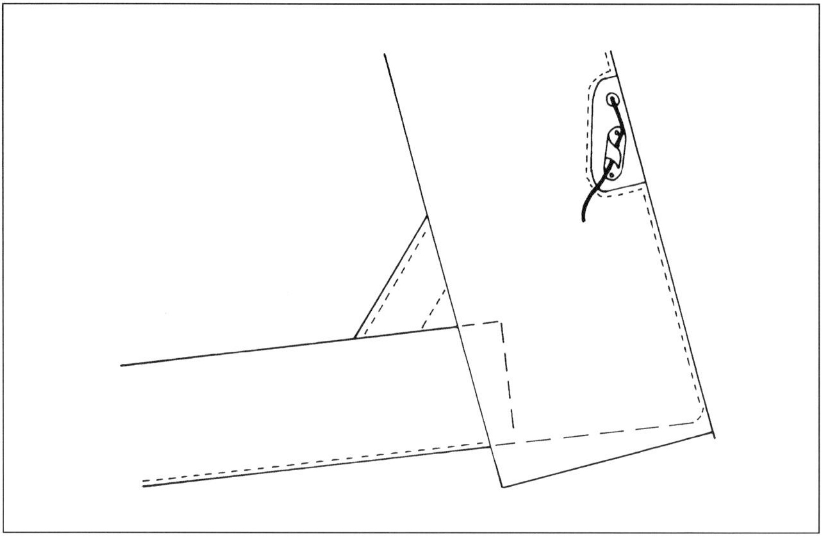

Abb. 37

Wenn die Form des Segels nicht genau bekannt ist, breitet man das Segel vor dem Nähen am besten flach aus, legt die Bahnen für den Schutzstreifen darauf und heftet sie provisorisch an.

Sobald die Außenkante des Streifens an Achter- und Unterliek festgenäht ist, sollte eine zweite Naht an der Innenkante des Stoßlappens gezogen werden. Dann liegt der Schutzstreifen besser an und kann leichter an der Innenkante festgesteppt werden. Wenn der Schutzstreifen für das Achterliek viel breiter ist als die Reichweite des Nähmaschinenarms, näht man den Streifen am besten längs der Mittellinie an, bevor die Innenkante festgesteppt wird (siehe Abb. 39).

Beim Annähen der Innenkante ist darauf zu achten, daß der Schutzstreifen die gleiche Spannung hat wie das Segel selbst. Anschließend das Segel umdrehen und die Bahnen quer vernähen. Dabei darauf achten, daß am Stoßlappen ausreichend Platz bleibt, damit das Achterlieksbändsel sich ungehindert bewegen läßt.

An Kopf, Schothorn und Hals den überstehenden Stoff abschneiden und von Hand oder mit der Maschine um die Kanten herum feststeppen. Beim Vernähen von Hand in den Versteifungen mit Kreuzstich arbeiten (notfalls erst mit Dorn oder Nagel Löcher vorbohren; siehe Abb. 40).

Abb. 38: Genua schlecht eingerollt oder Schutzstreifen zu schmal.

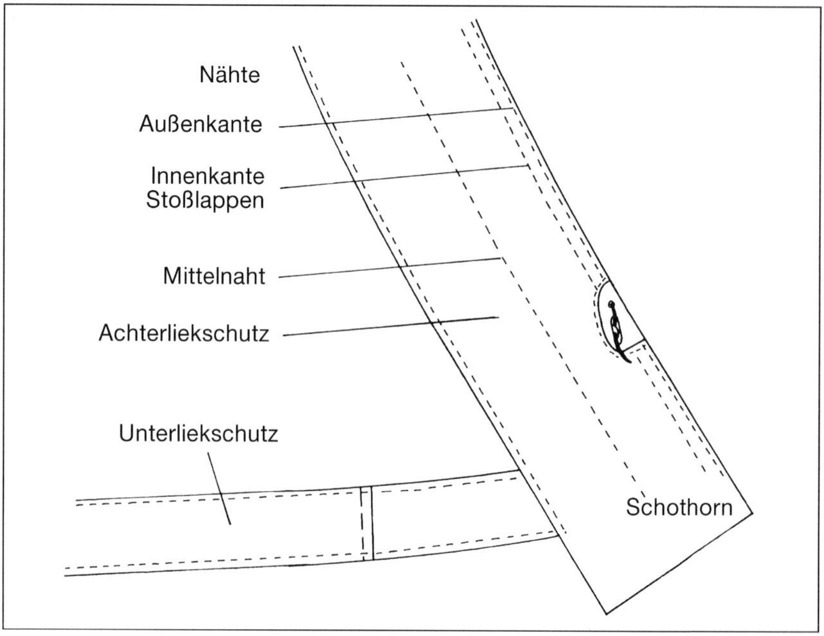
Nähte
Außenkante
Innenkante
Stoßlappen
Mittelnaht
Achterliekschutz
Unterliekschutz
Schothorn

Abb. 39

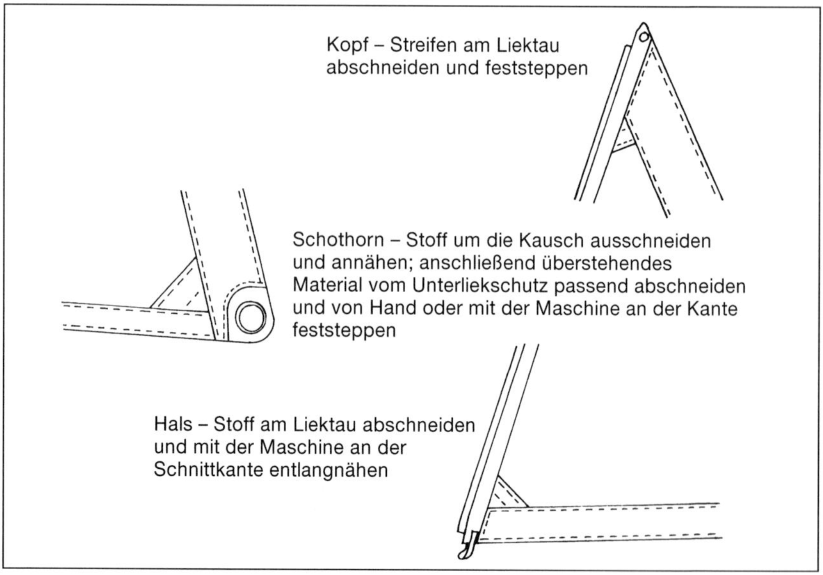
Kopf – Streifen am Liektau
abschneiden und feststeppen
Schothorn – Stoff um die Kausch ausschneiden
und annähen; anschließend überstehendes
Material vom Unterliekschutz passend abschneiden
und von Hand oder mit der Maschine an der Kante
feststeppen
Hals – Stoff am Liektau abschneiden
und mit der Maschine an der
Schnittkante entlangnähen

Abb. 40

Abb. 41: Genua richtig eingerollt mit ausreichend breitem UV-Schutz an Achter- und Unterliek.

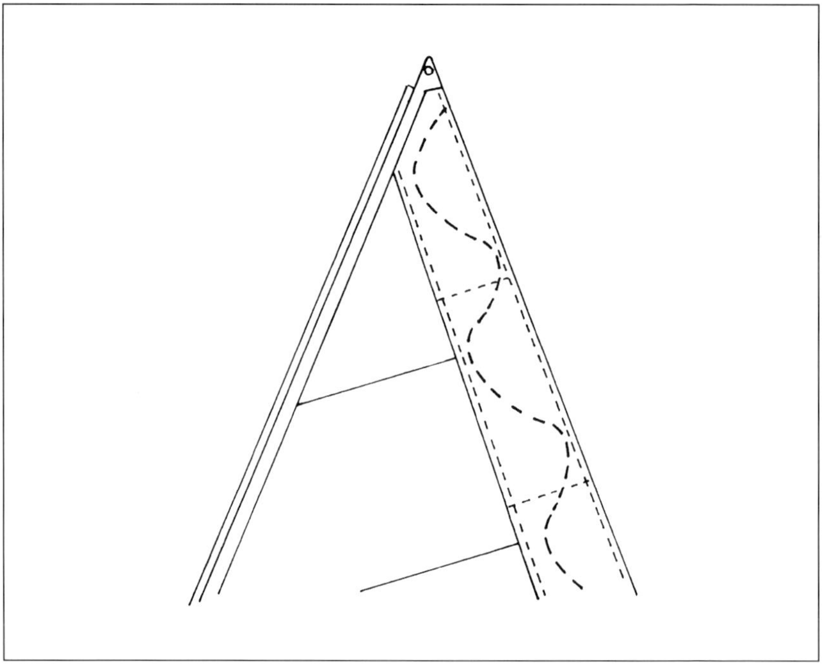

Abb. 42

Wenn der UV-Schutz an Achter- und Unterliek angenäht ist, wird er mit einer zickzackförmigen Naht zwischen Kopf und Schothorn sowie Schothorn und Hals verstärkt (siehe Abb. 42).

Sollte der Schutzstreifen einmal beschädigt werden, verhindert diese Naht, daß der Wind unter den Streifen faßt, ihn abreißt und dadurch Segel und UV-Schutz weiteren Schaden zufügt.

Irgendwann sitzt jeder Segler einmal bequem im Hafen oder in einer Marina. Dann ist es an der Zeit, die Segel Bahn für Bahn und Naht für Naht auf Löcher, Verschleißstellen, gebrochene Achterlieksbändsel und Anzeichen für Schamfilen zu überprüfen und sich zu fragen, was die Ursache gewesen ist. Auf diese Weise erspart man sich möglicherweise in der Zukunft eine Menge Arbeit. Ein paar gerissene Fäden im Hafen zu reparieren, ist schließlich viel einfacher, als auf See eine ganze Naht nachzunähen.

Groß- und Besansegel

Beim Groß- und beim Besansegel müssen als erstes die Lattentaschen überprüft werden. Wenn sie am Ende eingerissen sind, brauchen die betreffenden Latten möglicherweise eine neue Endkappe oder müssen glattgeschmirgelt werden. Viele Segelmacher verwenden Gummi für das innere Ende der Lattentaschen, und wenn dieses Gummi spröde wird oder verrutscht, drückt die Latte auf die Naht und beschädigt sie unter Umständen.

Für das Langfahrtensegeln empfiehlt sich ein ungelattetes Großsegel, dessen Achterliek wie ein Vorsegel leicht nach innen gerundet ist. Dadurch geht nur wenig Segelfläche verloren, was aber mehr als wettgemacht wird durch die Tatsache, daß keine Lattentaschen einreißen und keine Latten brechen können. Außerdem erleichtert es die Handhabung, da es sich auf jedem Kurs setzen und niederholen läßt, sogar vor dem Wind. Ein weiterer Vorteil ergibt sich daraus, daß das Achterliek kaum einmal an der Dirk schamfilt und somit wieder eine potentielle Schadstelle beseitigt ist.
Manche Segelmacher fertigen ein solches Segel nur äußerst ungern an; oft hilft dann nur der ausdrückliche Hinweis darauf, daß das Segel zum Fahrten- und nicht zum Regattasegeln eingesetzt werden soll.
An den der Sonne ausgesetzten Stellen des Segels verrottet das Garn der Nähte weitaus schneller als das Segeltuch, das es zusammenhalten soll. Wenn das Garn ausfranst, wenn man mit dem Fingernagel daran kratzt, ist es verdächtig. Besondere Aufmerksamkeit muß den Stellen gelten, an denen das Segel auf Vormwindkursen an den Wanten schamfilt. Zu erkennen ist das in der Regel an einem schmut-

zigen Streifen im Segel (oder auch zwei oder drei, je nachdem, wie viele Reffs vorhanden sind und wie oft sie eingebunden werden). Wenn das Segel noch relativ neu und sauber ist, kann man die Naht schützen, indem man auf beiden Seiten einen Flicken darübersetzt und ihn regelmäßig erneuert.

Nähte und Achterliek

Besonders anfällig sind die Nähte vom Achterliek aus etwa 30 cm nach innen. Selbst wenn keine Anzeichen für Verschleiß ersichtlich sind, empfiehlt es sich, die Nähte an diesen Stellen noch einmal zu übernähen (Achterlieksbändsel nicht festnähen!). Wenn das Segel nur doppelt abgesteppt ist, sollte in der Mitte über die gesamte Länge eine dritte Naht gelegt werden.

Falls das Achterliek umgeschlagen und nur an der Innenseite des Stoßlappens genäht ist, schamfilt das Achterlieksbändsel innen am Garn, so daß die Naht aufreißen könnte. Das läßt sich verhindern, indem man eine zweite Naht zur Verstärkung an der Liekaußenkante legt (siehe Abb. 43).

Wenn das Liek nicht breit genug ist, um diese Arbeit mit der Maschine zu erledigen, empfiehlt es sich, die Nähte zur Verstärkung mit Kreuzstich zu umnähen (siehe Abb. 44).

Die Ursache für ein gerissenes Achterlieksbändsel liegt oft in der Metallöse, durch die es aus dem Achterliek austritt. Daher entfernt man die Öse am besten (Ring auf der Innenseite nicht vergessen!) und näht statt dessen ein Stück Gurtband über das Loch (siehe Abb. 45).

Klemmen für das Achterlieksbändsel müssen sich neben dem Liek im Segel befinden und das Bändsel bekneifen, wenn sie funktionieren sol-

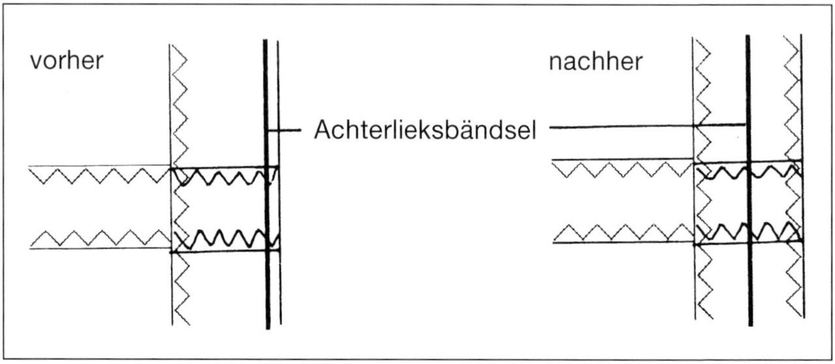

Abb. 43

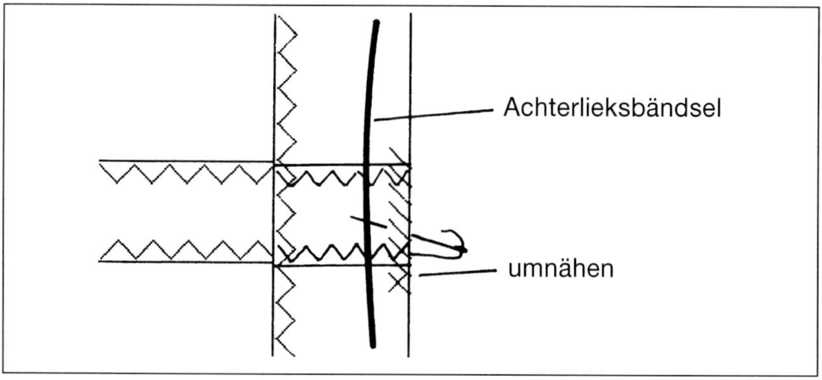

Abb. 44

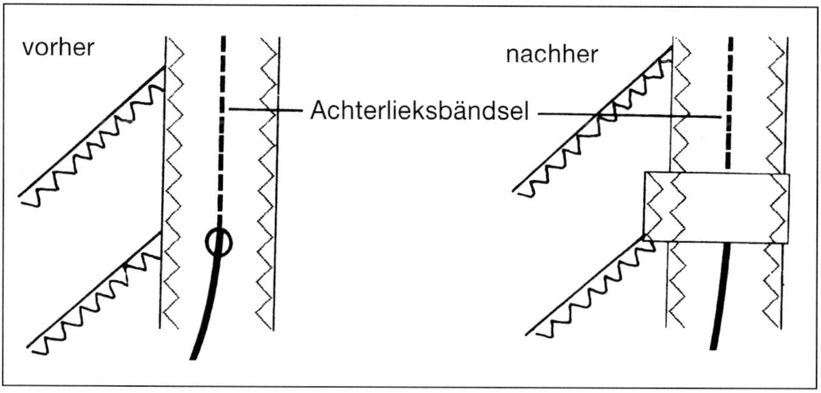

Abb. 45

len. Andere Klemmen, die auf der Liekkante sitzen, brechen oft und sind dann nicht mehr zu gebrauchen. In diesem Fall entfernt man sie, verstärkt das Loch mit Gurtband wie in Abb. 45 und setzt unter dem Gurtband zwei Ösen ein (im Abstand von 10 cm und 2,5 cm neben der Kante des Segels), durch die das Achterlieksbändsel geführt wird. (siehe Abb. 46).

Mastrutscher

Auch angeschäkelte Mastrutscher bereiten häufig Probleme. Der Schäkel bewegt sich dauernd hin und her, so daß in erstaunlich kurzer Zeit ein Loch im Liektau entsteht, und zwar besonders, wenn der Schäkel aus Metall ist. Die teilweise verwendeten Plastikschäkel halten aufgrund von Abnutzung und UV-Strahlung nur begrenzt.

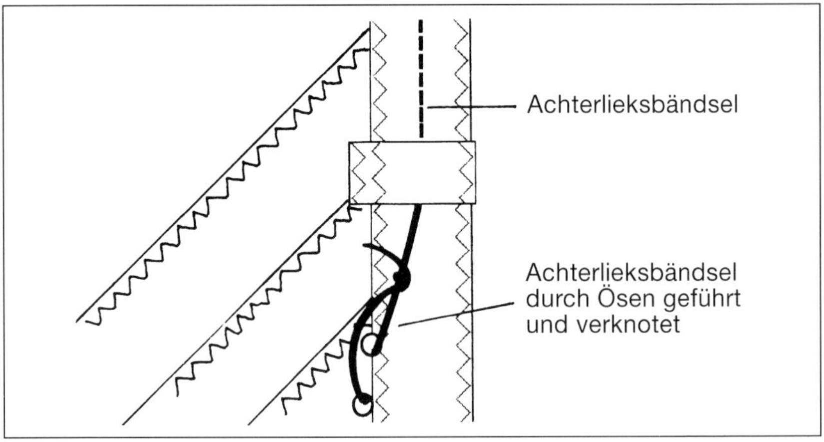

Abb. 46

Weitaus besser ist eine Befestigung der Rutscher mit zwei oder drei Lagen aus 15-mm-Gurtband, das in sich und mit dem Liektau vernäht wird (Abb. 47). Dieses Gurtband kann, wenn es durchgescheuert ist, problemlos ersetzt werden, ohne daß das Segel dazu abgenommen werden muß.

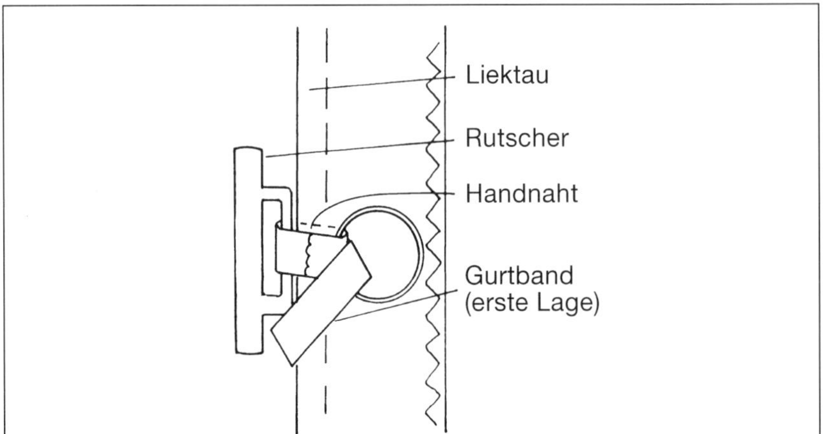

Abb. 47

Kauschen und Gatchen

Hals-, Schothorn- und Kopfkauschen sowie Reffgatchen können zum Problem werden, und zwar besonders, wenn sie aus eingepreßten Aluminiumringen bestehen. Aluminium korrodiert in Salzwasser und salzhaltiger Luft, und der darunter liegende Stoff wird dabei stark angegriffen. Solche Aluminiumringe sollten möglichst vor dem Auslaufen ersetzt werden. Ist das Segeltuch schon angegriffen, muß für das größere Loch auch ein entsprechend größerer Ring gewählt werden, wenn nicht sogar die gesamte Versteifung ersetzt werden muß, weil das Loch schon bis in die Ecke des Segels reicht.

Eingenähte Ringe aus Messing verziehen sich unter zu starker Belastung und brechen gelegentlich sogar. Wenn der Ring nicht vollkommen kreisförmig ist, deutet das darauf hin, daß der Bruchbelastungspunkt erreicht und ein Austausch erforderlich ist. Selbst wenn er in Ordnung zu sein scheint, empfiehlt es sich, als Vorsichtsmaßnahme ein Stück 25-mm-Gurtband durch die Kausch zu führen und die beiden Enden durch die Versteifung hindurch miteinander zu vernähen. Das muß möglicherweise von Hand geschehen, wenn die verfügbare Nähmaschine nicht stark genug ist. Vorher wird das Gurtband mit ein paar Tropfen Kontaktkleber fixiert, damit es richtig gespannt ist und beim Nähen nicht verrutscht (siehe Abb. 48).

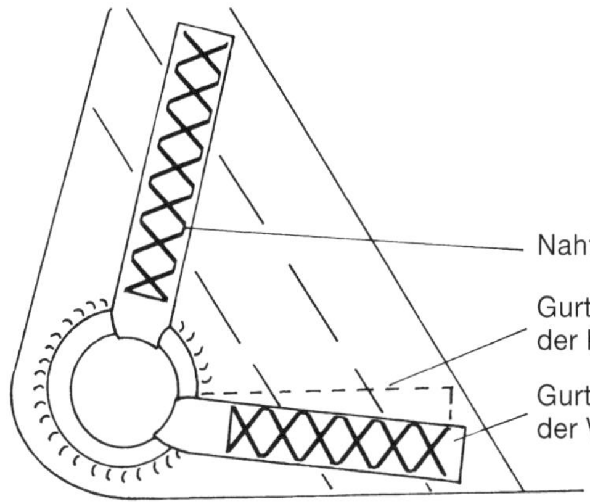

Abb. 48

Wenn die Reffversteifungen im Achterliek auf der langen Seite versetzt angeordnet sind, auf der kurzen Seite aber mehrere Lagen übereinander bilden, ist das ein potentieller Gefahrenpunkt, weil drei oder mehr Lagen Tuch für das eigentliche Segeltuch eine einzelne Kante darstellen, an der es reißen kann. Diese Situation läßt sich dadurch bereinigen, daß man die Naht löst, die einzelnen Lagen unterschiedlich lang zurechtschneidet und sie einzeln wieder annäht (siehe Abb. 49). Die obere Lage wird gegebenenfalls durch einen Streifen Segelband verstärkt. Die Reffversteifungen im Vorliek sind nicht so kritisch, weil sie durch das Liektau gestützt werden und das Segel dort im Gegensatz zum Achterliek nicht so stark killt.

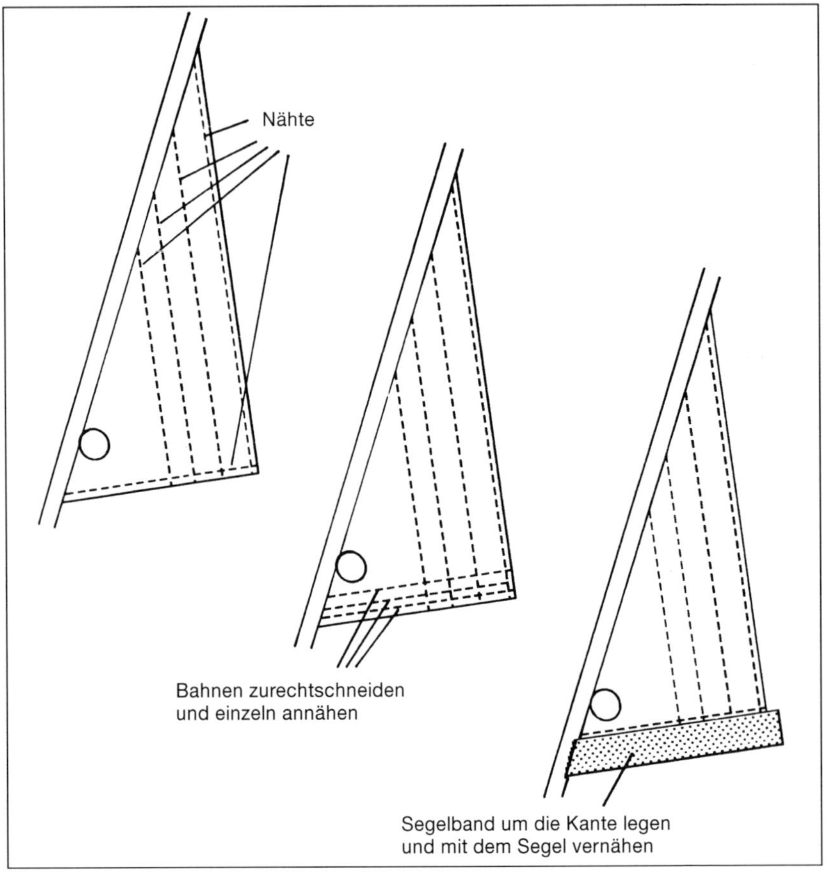

Abb. 49

Kopfbrett

Das Kopfbrett muß sorgfältig inspiziert werden. Bei einem genieteten Kopfbrett ist darauf zu achten, daß die Nieten in Ordnung sind und durch beide Teile und durch die Kopfversteifung führen. Oft sieht ein Niet auf der einen Seite noch gut aus, zerfällt aber auf der anderen Seite bereits in seine Bestandteile oder ist sogar innen bereits gebrochen.

Wenn ein oder zwei Niete so aussehen, kann man mit ziemlicher Sicherheit davon ausgehen, daß auch die anderen bald den Dienst versagen. In diesem Fall werden alle Niete ausgebohrt und das Kopfbrett mit einer Nietzange neu vernietet (wenn die Löcher nicht zu groß sind). Eine andere Möglichkeit besteht darin, das Kopfbrett unter Verwendung von schwerem gewachstem Garn, das doppelt genommen wird, mit einer Segelnadel wieder anzunähen (siehe Abb. 50).

Die Kausch im Kopfbrett darf keine Verschleißerscheinungen durch den Schäkel am Fall zeigen. Wenn sie abgenutzt oder verzogen ist, muß möglicherweise das gesamte Kopfbrett ersetzt werden, denn wenn sie ausreißt, besteht keine Möglichkeit mehr, das Großsegel aufzuheißen (für den Fall der Fälle empfiehlt es sich, immer mindestens ein Ersatzkopfbrett in der gleichen Größe an Bord zu haben).

Metall auf Metall verschleißt relativ schnell. Ein Ersatzkopfbrett läßt sich aus 3-4 mm dickem Aluminium oder 2-3 mm dickem Edelstahl anfertigen, je nach Gewicht des Segels. Daran denken, daß für ein Kopfbrett immer zwei Platten erforderlich sind. Tufnol, sofern noch zu bekommen, ist ein guter Werkstoff, und im Notfall tut es auch glasfaserverstärktes Sperrholz, das dann aber einiges dicker sein muß und nicht so lange hält.

Die Mastrutscher am Kopfbrett müssen sicher befestigt sein, und zwar einer unmittelbar unterhalb der Kausch für das Fall und ein zweiter an der unteren Ecke, damit das Kopfbrett sich nicht verdreht und beim Setzen des Segels möglicherweise klemmt.

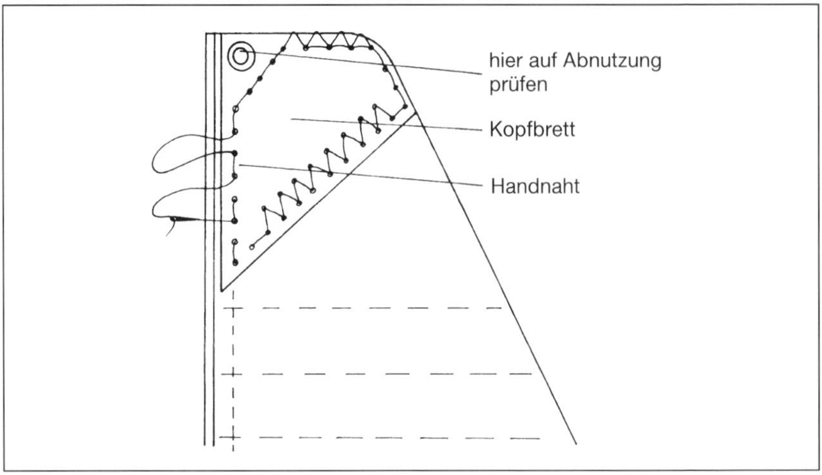

Abb. 50

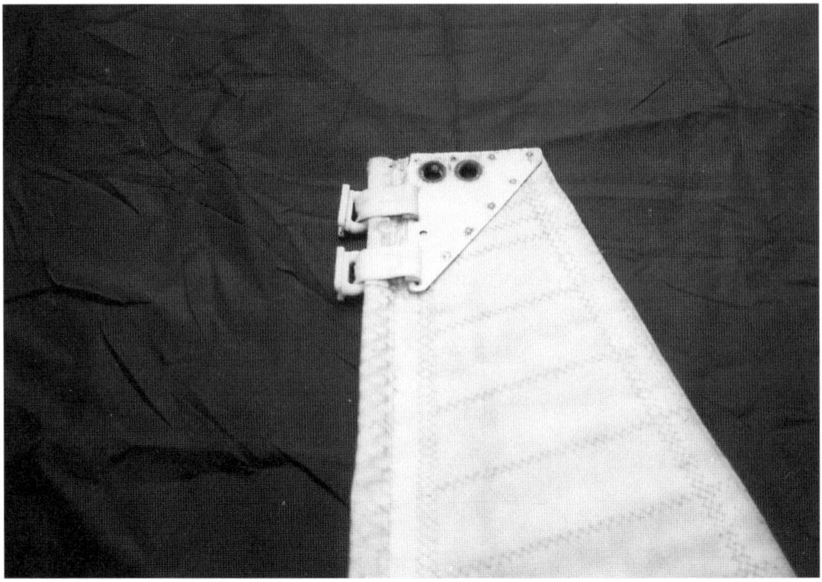

Abb. 51: Die beiden Mastrutscher sind hier mit Gurtband am Kopfbrett befestigt, eine gute Alternative zu Schäkeln, da die Abnutzung geringer ist als bei Metall auf Metall.

Vorsegel

Kopf- und Halskauschen

Bei einem mit Stagreitern angeschlagenen Vorsegel muß als erstes der Vorliekdraht überprüft werden. Wenn er verzinkt ist, die Kauschen an Kopf und Hals hin und her biegen, um sicherzustellen, daß der Draht nicht gebrochen ist. Zum Bruch kommt es am ehesten direkt unter- bzw. oberhalb der Endbeschläge. Wenn der Liekdraht in Ordnung zu sein scheint, kann er bleiben, ansonsten sollte er gegen Edelstahldraht ausgetauscht werden.
Wenn das Segel in gutem Zustand ist, empfiehlt es sich generell, ein verzinktes Drahtliek gegen eines aus Edelstahl auszutauschen, weil sich diese Arbeit leichter in einer Segelmacherei oder im Hafen erledigen läßt als auf See.
Die Kausch am oberen Ende des Vorlieks ist mit ziemlicher Sicherheit in einer Öse in der Eckversteifung verlascht, während die Kausch am unteren Ende oft nur am Segel festgeheftet ist und unter Belastung ausreißen könnte. Deshalb ist es empfehlenswert, etwa 5 cm oberhalb der Kausch eine Öse einzusetzen und sie mit der Kausch zu verlaschen (siehe Abb. 52). Zusätzliche Festigkeit gewinnt man durch einen Streifen Gurtband, der von der einen Seite des Segels durch die Kausch zur anderen Seite führt und von Hand wie in Abb. 48 angenäht wird.

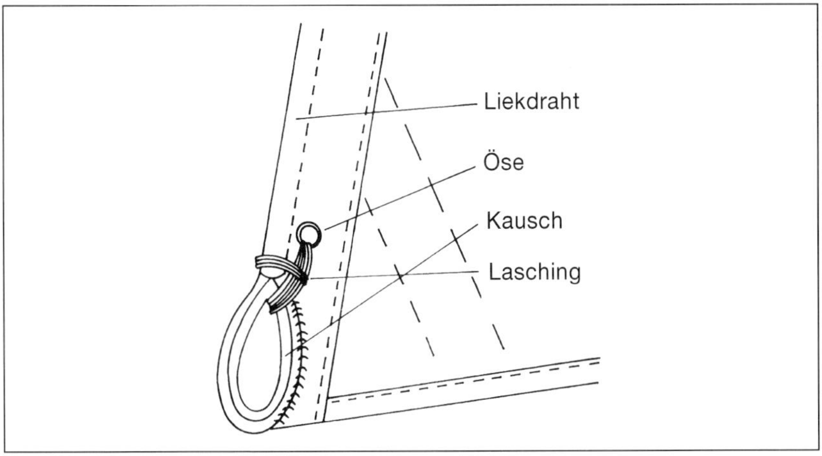

Abb. 52

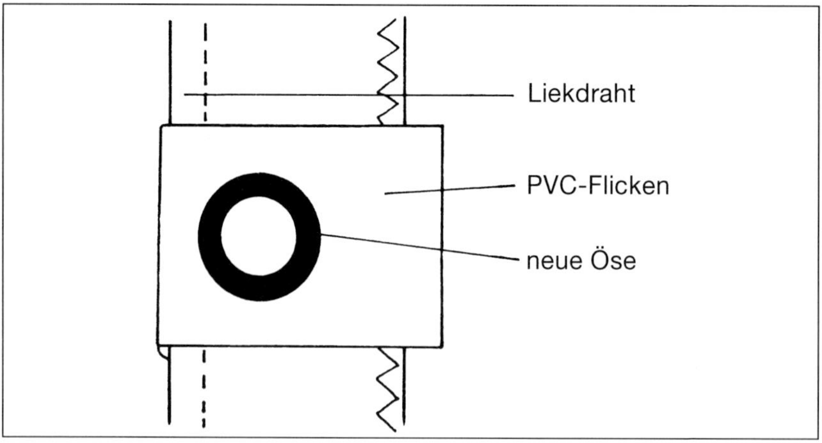

Abb. 53

Stagreiter

Als nächstes kommen die Stagreiter an die Reihe. Ohne Schutz unter den Stagreitern verschleißt das Tuch über dem Drahtliek sehr schnell, und zwar besonders bei den aufgesetzten Stagreitern, die die meisten Segelmacher heute bevorzugen.

Man kann einen dünnen Streifen PVC oder Leder zurechtschneiden, unter den Stagreiter schieben und an beiden Enden befestigen. Besser ist es jedoch, den Stagreiter abzunehmen, die Öse zu entfernen und in einen PVC-Flicken eine neue einzusetzen (siehe Abb. 53).

Aufgesetzte Stagreiter lassen sich ein paar Mal wiederverwenden, wenn sie vorsichtig abgenommen werden. Dazu braucht man einen Kaltmeißel, einen Holzhammer und einen Holzklotz mit Loch in der Mitte. Meißel ansetzen und die Öffnung durch vorsichtige Hammerschläge aufweiten, bis der Stagreiter abgenommen werden kann.

Aufgenähte Stagreiter nehmen beim Anbringen mehr Zeit in Anspruch, sind dafür aber beliebig oft wiederzuverwenden. Man bekommt sie gelegentlich gebraucht in Segelmachereien. Wenn sich an den Stellen, an denen sie am Vorstag angreifen, Abnutzungserscheinungen zeigen, was im allgemeinen in Richtung Kopf des Segels der Fall ist, liegt die Ursache wahrscheinlich darin, daß das Vorliek nicht richtig gespannt ist. Die auftretenden Kräfte müssen nämlich vom Liekdraht aufgenommen werden und nicht von den Stagreitern.

Wenn keine Möglichkeit besteht, neue Stagreiter zu kaufen, empfiehlt sich ein Austausch der am stärksten abgenutzten vom Kopf des Segels gegen besser erhaltene aus dem Bereich des Segelhalses. Außerdem sollten immer ein paar Stagreiter als Reserve an Bord sein.

Schamfilschutz

Am Unterliek eines tief geschnittenen Vorsegels wie der Genua finden sich wahrscheinlich kurz vor dem Hals verschmutzte Stellen. Dort kommt das Segel auf Vormwind- und Raumschotskurs in Kontakt mit dem Relingsdraht oder dem Bugkorb. Wenn das Segel nicht auf die volle Vorstaglänge geschnitten ist, kann man diesen Kontakt verhindern, indem man zwischen Hals und Deck einen Drahtvorlauf zur Vorlieksverlängerung einsetzt. Dadurch geht keine Segelfläche verloren; das Segel wird nur etwas höher gefahren, was ja auf Raumschots- und Vormwindkursen sowieso erwünscht ist – also genau auf den Kursen, auf denen das Segel sonst am Relingsdraht schamfilt.

Die meisten Genuas sind aber auf volle Vorstaglänge geschnitten, so daß nur die Möglichkeit bleibt, auf beiden Seiten einen Schamfilschutz anzubringen. Das geht am einfachsten mit aufbügelbarem Emblemstoff, der rundherum festgesteppt wird (siehe Abb. 54).

Dasselbe empfiehlt sich für die Stellen, die an den Salingen und Wanten schamfilen; eine Kappe oder ein mit Klebeband befestigter Schwamm am Salingende und ein Nylonschlauch über den Wanten verhindern das Schamfilen ebenso zuverlässig. Das Tausendbein als klassischer Schamfilschutz ist zeitaufwendig und vergrößert die Windangriffsfläche ausgerechnet dort, wo es am wenigsten erwünscht ist.

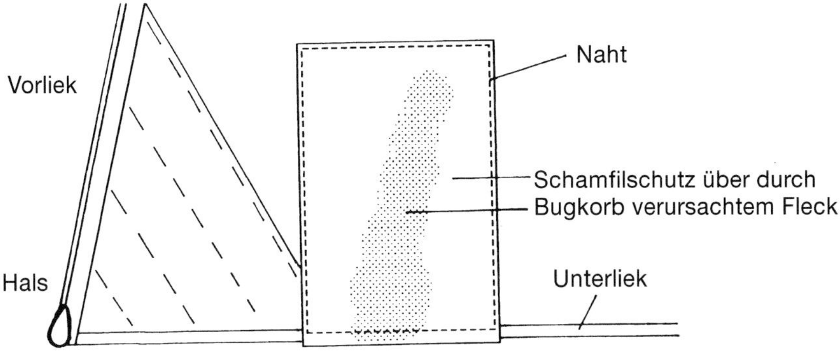

Abb. 54

Abb. 55: Ein tief geschnittenes Vorsegel braucht an den Stellen, an denen es in Kontakt mit dem Relingsdraht oder Bugkorb kommt, einen Schamfilschutz.

Abb. 56: Mit einer Vorlieksverlängerung ist die Gefahr gebannt.

Achterliek

Wenn das Achterliek nur zum Saum umgenäht ist, gilt es darauf zu achten, daß das Achterlieksbändsel nicht von innen die Naht beschädigt hat. Sobald das Achterliek sich zu lösen beginnt, muß man jederzeit damit rechnen, daß das ganze Segel reißt. Deshalb sollte man sich die Zeit nehmen, die Enden der einzelnen Nähte durch einen kleinen Flicken zu verstärken (siehe Abb. 57).

Schothorn

Da am Schothornauge starke Kräfte angreifen, müssen die Nähte dort völlig in Ordnung sein. Schäkel zur Anbringung der Schoten verursachen beträchtlichen Verschleiß am Auge. Deshalb verzichtet man am besten darauf und bringt die Schoten mit einem Palstek an – zumal ein schlagender Tampen am Kopf weitaus weniger schmerzhaft ist als ein Schlag mit einem Stück Metall.
Wenn das Schothornauge sich verzogen hat, kann man es durch Gurtband verstärken (siehe Abb. 48). In diesem Fall kommt aber noch ein dritter Streifen in die Mitte (d. h., entlang der Diagonalnaht bei einem diagonal geschnittenen Segel).

Vorsegel mit Rollreffeinrichtung

Profilvorliek über die gesamte Länge inspizieren und dabei besonders auf Kopf und Hals achten. Verschleiß-

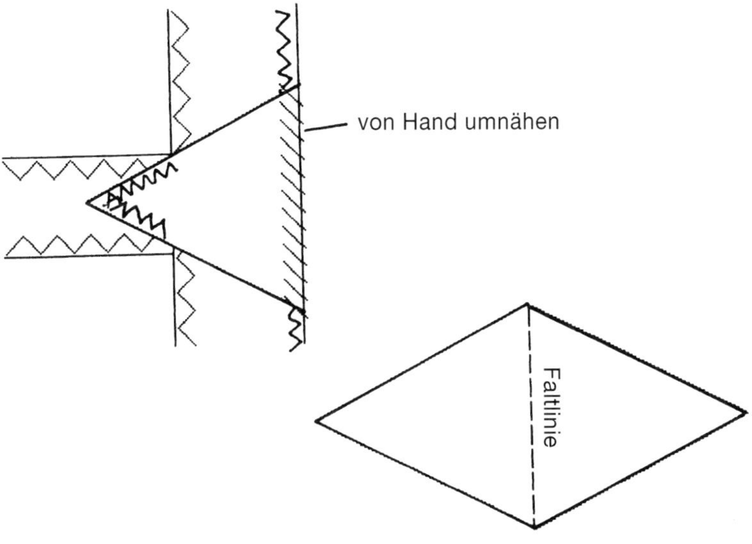

Abb. 57

stellen markieren, das Segel vorheißen und an den markierten Stellen genau untersuchen. Probleme zeigen sich häufig an den Verbindungen zwischen den einzelnen Elementen des Profilvorstags. Ober- und Unterseite des Vorlieks scheuern durch, wenn die Profilkanten nicht vollkommen glatt und abgerundet sind – was sich mit einer feinen Feile schnell erledigen läßt.
Der UV-Schutzstreifen sollte mindestens einmal im Jahr überprüft werden, und zwar besonders, wenn er nur einseitig aufgebracht ist. Im Idealfall wird dieser Streifen zuerst an der Innenkante des Stoßlappens auf der Rückseite befestigt, dann über das Achterliek auf die Vorderseite gefaltet, an der Außenkante des Achterlieks festgesteppt und schließlich an der Innenkante mit dem Segel vernäht. Wenn das der UV-Strahlung ausgesetzte Garn dann verrottet, verbleibt darunter immer noch eine intakte Naht. Als Material sollte UV-festes Acryl (siehe S. 22) verwendet werden.

Spinnaker

Jede einzelne Naht auf gezogene Fäden untersuchen. Wenn die Fäden sich hinter etwas verfangen, werden sie oft in Form einer Schlinge herausgezogen, ohne jedoch zu reißen. Dann bilden sich kleine Fältchen im Segeltuch. Mit einer starken Nadel oder sogar einem Zahnstocher läßt sich der Faden häufig wieder spannen, so daß die Schlinge verschwindet.
Kleine Risse im Nylon lassen sich meistens mit selbstklebendem Spinnakerreparaturmaterial abdekken, das ganz einfach aufzubringen ist.

Grundausstattung für die Segelreparatur

Beim Schiffsausrüster oder auch bei entsprechenden Versandhäusern gibt es komplette Reparatursätze in einer Vielzahl von Beuteln und Kästchen. Wenn man aber einmal die »Verpackung« außer acht läßt und die Preise der einzelnen Teile nachrechnet, stellt sich oft heraus, daß es billiger ist, alles getrennt zu kaufen. Ein genauer Blick auf die Segel und das Boot zeigt, was im einzelnen erforderlich und am besten zu gebrauchen ist. Fertig zusammengestellte Reparatursätze enthalten oft vieles, was nie gebraucht wird. Wer das Glück hat, in der Nähe eines Gebrauchtbootlagers zu wohnen oder einen Segelmacher zu kennen, und die Augen offenhält, hat bald seinen ganz persönlichen Reparatursatz zusammen. Und ein Beutel dafür ist auch schnell genäht!

Wenn das Budget es hergibt, steht an oberster Stelle auf der Liste natürlich eine Nähmaschine. Dabei braucht es sich nicht um eine speziell konstruierte Segelmachermaschine zu handeln, obgleich ein Modell wie die »Reed's Sailmaker« eine lohnende Investition darstellen würde (wenn es aus einer seriösen Quelle stammt; meine erste Maschine war laut Typenschild eine »Reed's«, aber leider war das Schild falsch und die Maschine dem Original weit unterlegen). In Gebrauchtwarenläden findet man oft noch ältere »Singer-«Maschinen, die ihren Zweck vollkommen erfüllen. Beim Kauf einer Nähmaschine unbedingt ein Stück Segeltuch mitnehmen und auf einer Vorführung bestehen. Zum Segelnähen muß die Maschine 14er- oder 16er-Nadeln aufnehmen können und mit maximalem Anpreßdruck im Nähfuß arbeiten.

Unerläßlich ist eine Vorrichtung zum Anbringen einer Handkurbel bzw. die Anschaffung eines entsprechenden Motors, wenn ein Generator (240 V oder 110 V) an Bord ist. 12-V-Motoren sind nur schwer zu bekommen; aber der Wasserpumpenmotor »Jabsco Water Puppy« läßt sich für die meisten, wenn nicht sogar alle Haushaltsnähmaschinen verwenden. Ersatzriemen, -nadeln und -spulen nicht vergessen. Die beiden letztgenannten müssen in einem luftdichten Behälter mit einem Tropfen Maschinenöl aufbewahrt werden, damit sie nicht rosten.

Eine Nähmaschine an Bord bietet die Möglichkeit, unterwegs etwas Geld zu verdienen; aber erst an den eigenen Segeln üben! Auf vielen Yachten ist kein Platz für eine Nähmaschine, und deren Eigner sind in der Regel froh, wenn sie jemanden finden, der ihre Segel in Ordnung bringt.

Sonstiges

Zwei große Spulen *Maschinengarn* aus einem Polyestermaterial wie beispielsweise Trevira oder Diolen; Garn in der Stärke V69 läßt sich problemlos mit einer Haushaltsnähmaschine und 14er- oder 16er-Nadeln verarbeiten.

Ein *Segelmacherhandschuh* ist unerläßlich. Es gibt ihn für Links- und Rechtshänder.

Eine Auswahl an *Segelnadeln*, die mit ein wenig Öl in einem luftdichten Behälter aufbewahrt werden müssen, damit sie nicht rosten.

Eine große Spule mit *gewachstem Handnähgarn*, das gleichzeitig als Ersatz für die vielen kleinen Nähgarnspulen dient; im Gegensatz zu normalem Garn, das sich leicht löst, wenn es nicht unter Zug steht, klebt dieses Garn durch das Wachs an den zu nähenden Flächen.

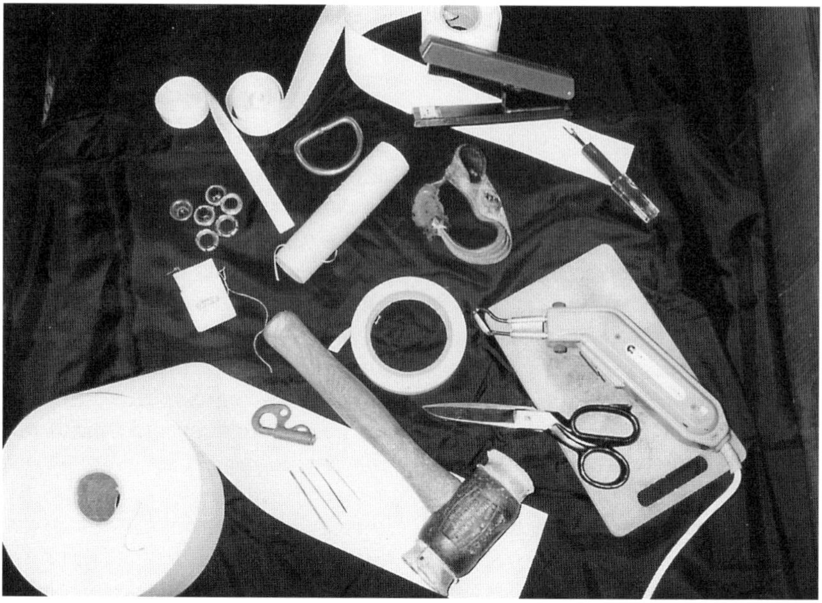

Abb. 58: Die wichtigsten Bestandteile eines umfassenden Segelreparatursatzes.

Eine scharfe *Schere*, die an einer schlecht erreichbaren Stelle aufbewahrt wird, damit sie nicht zum Zurechtschneiden von Tampen, Draht und Flicken für das Schlauchboot oder den einen oder anderen Haarschnitt mißbraucht wird.

Gurtband und zwar mindestens 20 m in einer Breite von 1,5 cm zum Annähen von Mastrutschern und 10 m in 2,5 cm Breite zur Verstärkung von Hals- und Schothornaugen und Reffgatchen.

Segelband, und zwar 20 m in der größten Breite, die es gibt (etwa 15 cm) und 20 m in einer leichteren und schmaleren Qualität (8 cm).

5 Rollen *breites Klebeband* – von unschätzbarem Wert, um das Segel vor der Reparatur zusammenzuhalten und in Form zu bringen oder um einen Flicken auf dem Segel zu halten. Beim Nähen nach und nach abziehen.

Lötkolben oder *Lötpistole* zum Zuschneiden von Segeltuchflicken und zum Verschmelzen von Rißkanten und Enden.

5 *D-Ringe aus Edelstahl* zur Reparatur ausgerissener Augen an Schothorn, Kopf und Hals des Segels sowie zur provisorischen Instandsetzung von Reffgatchen.

Eine Schachtel *Messingösen Nr. 2* und das erforderliche Werkzeug zum Einsetzen. Die meisten Segelmacher verwenden Ösen der Stärke 1; wenn eine dieser Ösen ausreißt und dabei das Segeltuch in Mitleidenschaft zieht, hält die größere Öse im allgemeinen problemlos, ohne daß ein Flicken daruntergesetzt werden muß.

Stagreiter zum Aufnähen – gibt es bei vielen Segelmachern gebraucht zu einem annehmbaren Preis.

Segellatten – Lattenmaterial am Stück kaufen und bei Bedarf zurechtschneiden. Wenn an Bord der Platz nicht für die gesamte Länge (ca. 3 m) reicht, schneidet man Stücke von der Länge der längsten Segellatte und kürzt diese bei Bedarf.

Kopfbretter und passende Niete (sowie eine *Blindnietzange*). Die Blindnietzange ist in Verbindung mit einer Auswahl unterschiedlicher Niete auch für andere Arbeiten zu gebrauchen, z. B. zum Befestigen von Mast- und Baumbeschlägen.

Segeltuch – jedes Stück mit dem passenden Tuchgewicht ist willkommen.

Spinnakerreparaturband – eine Rolle von jeder Farbe, die im Spinnaker auftaucht.

Und jetzt noch ein paar zusätzliche Dinge, die in einem fertig gekauften Reparatursatz kaum zu finden sind:

2 m weißes *Emblemtuch* (bzw. in der Farbe, die dem Segeltuch am nächsten kommt); ist bei den meisten Segelmachern vorrätig.

Ein *elektrisches Reisebügeleisen* – oder ein altes Plätteisen, das auf dem Herd erhitzt werden kann.

3 große *Nahttrenner* – die kleinen für den Hausgebrauch sind für Segel zu schwach. Erhältlich in Fachgeschäften und bei Lieferanten von Segelmacherbedarf.

Schwerer *Holzhammer mit Lederbezug* – zu bekommen bei Lieferanten für Segelmacherbedarf.
Großer *Bürohefter* mit Heftklammern.

5 Rollen *doppelseitiges Klebeband*.
Farbloser *Kontaktkleber*.

Spule mit geflochtenem Achterlieksbändsel, 3 mm dick.

Leder- oder *PVC*-Flicken.

Auswahl an Stopfnadeln – je kürzer, desto besser.

Mehrere Päckchen *gewachste Zahnseide*.

Nähmaschinenöl oder Silikonspray.
Schneidbrett aus Weichplastik oder Holz.

Schachtel *Reißzwecken*.

All das mag für eine kleine Yacht sehr viel erscheinen, nimmt aber bei sorgfältigem Verstauen nicht viel Platz in Anspruch, wenn man einmal von der Nähmaschine absieht – doch ohne Maschine braucht man eben nahezu unendliche Geduld!

Segelreparatur auf See

Auf See Segel zu reparieren ist nicht einfach, zumal es meist unter den schlimmstmöglichen Umständen geschehen muß. Bei acht Windstärken konzentriert man sich zunächst einmal darauf, nicht von Bord zu gehen und das Boot zu halten. Daß die Naht im Achterliek der Fock an ein paar Stellen gerissen ist, fällt dann möglicherweise gar nicht auf – bis das Segel plötzlich auf ganzer Länge reißt und im Wind zerfetzt wird.

Bei der zunehmenden Verbreitung von Rollreffsystemen führen viele Yachten nur noch ein weiteres Vorsegel mit, wahrscheinlich eine Sturmfock, und wenn auch die beschädigt wird, ist das Boot zur Hälfte lahmgelegt, wenn der Motor unberücksichtigt bleibt. Und da auch für diesen Fall die Murphyschen Gesetze gelten, besteht die große Wahrscheinlichkeit, daß die »eiserne Genua« genau in diesem Augenblick streikt.

Im folgenden sollen deshalb ein paar grundlegende Möglichkeiten vorgestellt werden, wie man sich auf See zunächst einmal aus der Patsche hilft. Später geht es dann darum, aus diesen provisorischen Reparaturen etwas Dauerhaftes zu machen.

Für Nahtreparaturen verwende ich eine Stopfnadel (je kleiner, desto besser) und Zahnseide (anstelle von gewachstem Garn, für das eine dreieckige Segelnadel erforderlich ist). Die Stopfnadel gleitet leichter durch die vorhandenen Löcher, und Zahnseide ist viel fester als das ursprüngliche Maschinengarn, gleichzeitig aber fast genau so fein.

Achterliek

1) Solange sich die Naht am Achterliek nur teilweise gelöst hat und das Segel an sich noch in Ordnung ist, braucht nur der Stoßlappen an der Außenkante umnäht und an der Innenkante festgeheftet zu werden. Dabei wird der Faden durch jedes dritte vorhandene Loch geführt.
2) Ein gerissenes Achterlieksbändsel sollte repariert werden, da es dazu beiträgt, das Segel zusammenzuhalten. Mit den Fingern tasten, wo sich die Enden befinden, und die Naht entsprechend auftrennen. Wenn am Schothorn nicht genügend Lose ist, um die beiden Enden zu verbinden, wird mit einem gerade gebogenen

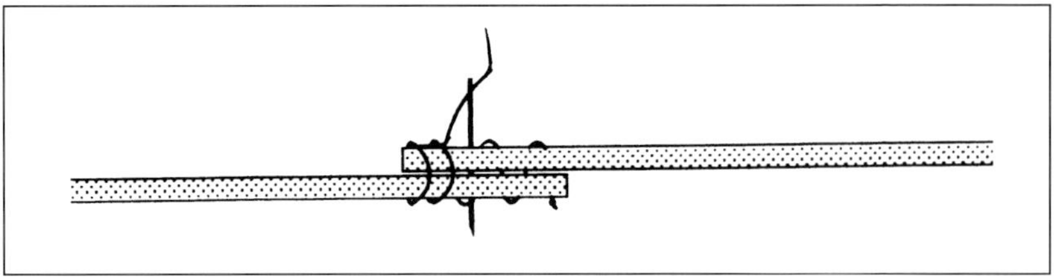

Abb. 59: Durch das Bändsel stechen, dann auf beiden Seiten herum und wieder zurück durch die Mitte.

Drahtbügel ein Stück 3-mm-Leine eingefädelt. Enden mit einem flachen Knoten verbinden, damit das Bändsel frei laufen kann, oder gegebenenfalls zusammennähen (siehe Abb. 59). Anschließend den aufgetrennten Teil wieder festnähen.

3) Wenn das Segel an einer Naht zu reißen beginnt, weil das Garn verrottet ist, wird es von Hand auf beiden Seiten der Naht entlang der inneren Lochreihe festgeheftet. Darauf achten, daß das Achterlieksbändsel nicht angeheftet wird (siehe Abb. 60).

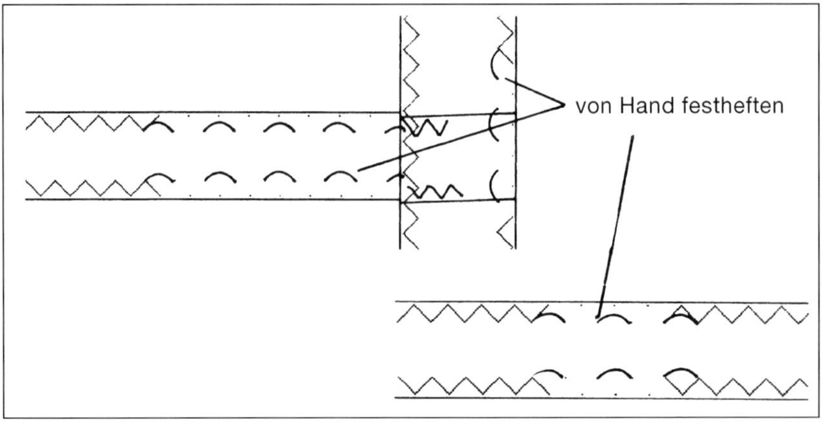

Abb. 60

Risse im Tuch

4) Kurze Risse im Segeltuch werden mit Hexenstich zusammengezogen (siehe Abb. 61).
Längere und L-förmige Risse können auf die gleiche Weise repariert werden, wenn das Segeltuch noch in Ordnung ist. Hier sollte jedoch zur Verstärkung auf der einen Seite ein Stück Emblemstoff aufgebügelt werden.
5) Tiefe Risse zunächst mit Hexenstich zusammenziehen. Anschließend auf beiden Seiten Gewebeband über den Riß kleben (das Tuch muß trocken sein) und rundherum festheften, wenn die Zeit dazu vorhanden ist. Sonst mit aufgeklapptem Hefter auf einem weichen Holzbrett im Abstand von 8 cm antackern. Segel umdrehen, Heftklammern flachdrücken und Vorgang auf dieser Seite zwischen den bereits vorhandenen Klammern wiederholen. Zur Verstärkung der Kante ein Stück 1,5 cm breites Gurtband von 40 cm Länge abschneiden und die Enden mit Streichholz oder Feuerzeug verschweißen. Gurtband längs falten und auf die Außenkante des Segels nähen (siehe Abb. 62).

Ausgefranstes Achterliek

6) Wenn der größte Teil des Achterlieks ausgefranst ist, hilft nur ein sofortiger Rückschnitt. Fransen abschneiden und Kante einschlagen, über die gesamte Länge Segelband antackern, Innenkante festheften und Außenkante umnähen. Das verbessert nicht gerade das Profil des Segels, hält es aber zusammen, bis es ordentlich repariert werden kann.

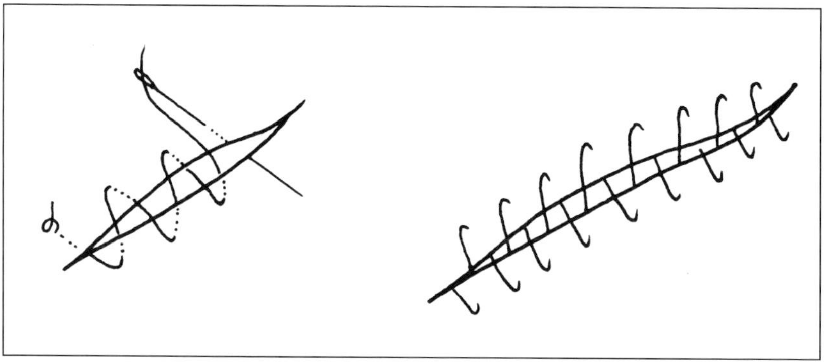

Abb. 61: Nach jedem Stich am Faden ziehen, um die Rißkanten zusammenzubringen.

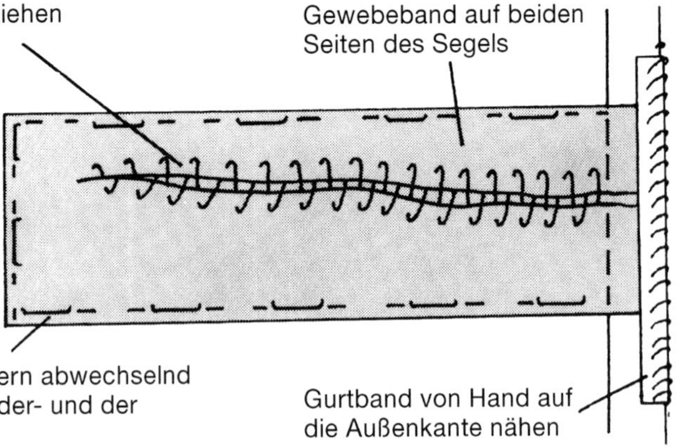

Abb. 62

Hals und Schothorn

7) Wenn das Auge im Schothorn oder im Hals korrodiert ist oder auszureißen droht, empfiehlt es sich, einen D-Ring oder runden Ring aus Edelstahl einzusetzen, der in dem bereits geschwächten Segeltuch für weitaus besseren Halt sorgt.

Den D-Ring (Abb. 63) so auf das Tuch legen, daß die Außenkante der geraden Seite an dem am weitesten innen liegenden Punkt der schadhaften Stelle des Segeltuchs anliegt. An der Außenkante entlang einen Bleistiftstrich ziehen, Tuch entlang dieser Linie mit einem scharfen Messer abschneiden und Kante mit einem Lötkolben verschweißen, damit sie nicht ausfranst. Parallel zur Schnittkante in 5 mm Abstand eine Nahtlinie ziehen und den Ring mit doppelt genommenem gewachstem Faden und einer starken Segelnadel am Segel festnähen. Wenn die Eckversteifung sehr dick ist, empfiehlt es sich, vorher mit Hammer und Ahle oder einem langen Nagel Löcher für die Naht in das Segeltuch zu schlagen.
Anschließend drei Streifen aus 2,5 cm breitem Gurtband zurechtschneiden, die so lang sind, daß sie auf beiden Seiten mindestens 15 cm in das Segel hineinragen. Gurtbandstreifen so mit farblosem Kontaktkleber befestigen, daß der Ring fest in das Segel gezogen wird und kein Zug auf die Handnaht kommt. Streifen nun Rücken auf Rücken durch das Segel hindurch miteinander vernähen.

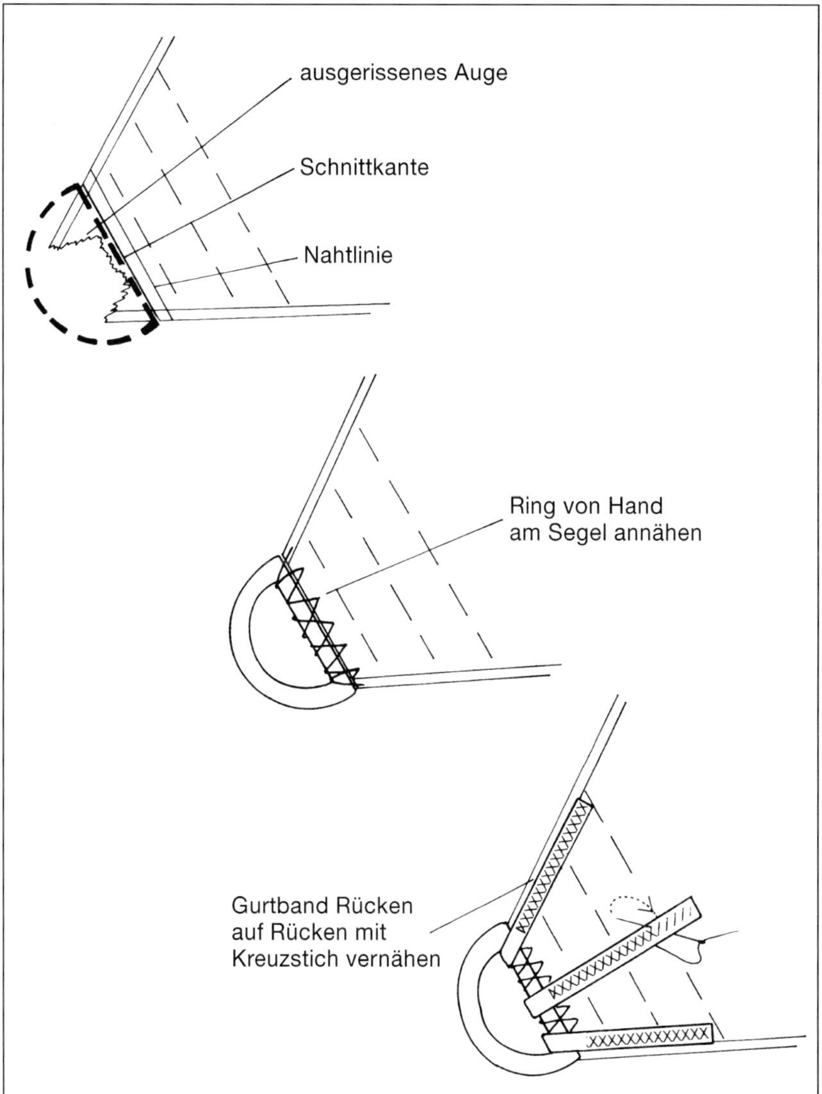
ausgerissenes Auge
Schnittkante
Nahtlinie
Ring von Hand
am Segel annähen
Gurtband Rücken
auf Rücken mit
Kreuzstich vernähen

Abb. 63

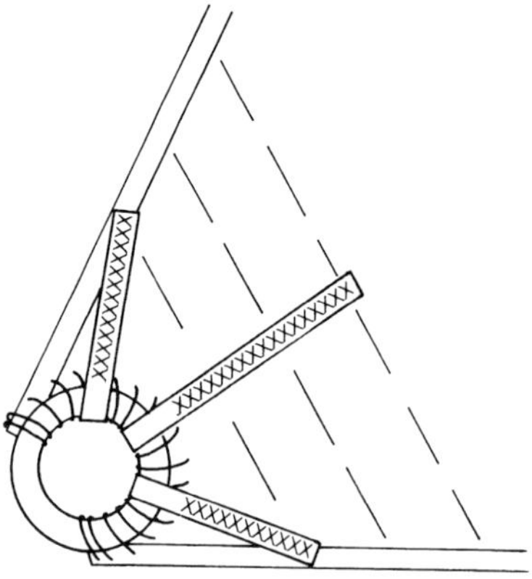

Abb. 64

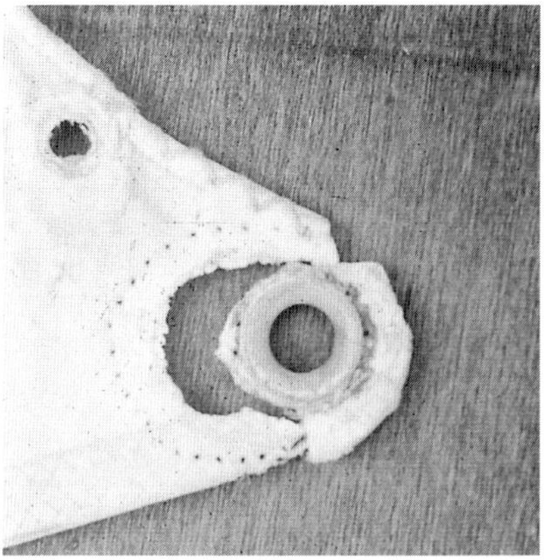

Abb. 65: In einem solchen Fall setzt man besser gleich einen neuen D-Ring ein.

Wenn kein passender D-Ring verfügbar ist, kann auch ein runder Ring verwendet werden (siehe Abb. 64), sofern er an die Stelle paßt, an der das alte Auge gesessen hat. Die Anbringung erfolgt auf die gleiche Art und Weise.

Auch das Auge am Segelhals kann auf diese Weise repariert werden. Dazu sind aber nur zwei Streifen Gurtband erforderlich, nämlich einer parallel zum Vorliek und einer parallel zum Achterliek.

Reffgatchen

8) Bei einem Groß- oder Besansegel mit Bindereff muß man auf die Reffgatchen achten. Wenn eins von ihnen ausreißt, ist das Segel durchaus noch zu gebrauchen, wenn die Öse entfernt und ein Flicken über das Loch gesetzt wird. Dazu bügelt man ein Stück Emblemstoff auf oder nimmt Gewebeband bzw. Spinnakerreparaturband, das zusätzlich an den Kanten festgetackert wird. Ein Reffbändsel mehr oder weniger spielt keine Rolle. Mehr Schaden richtet man an, wenn ein Bändsel durch das Loch ohne Metallöse gezogen wird.

Reffgatchen reißen meistens dadurch aus, daß die Bändsel zu fest angezogen werden. Die Reffbändsel sollen aber nur den eingerefften Teil des Segels halten und brauchen daher nur locker gebunden zu werden. Der Druck im Segel wird von den Reffpunkten im Vor- und Achterliek aufgefangen.

Abb. 66: Runder Ring zur provisorischen Reparatur des Schothornauges.

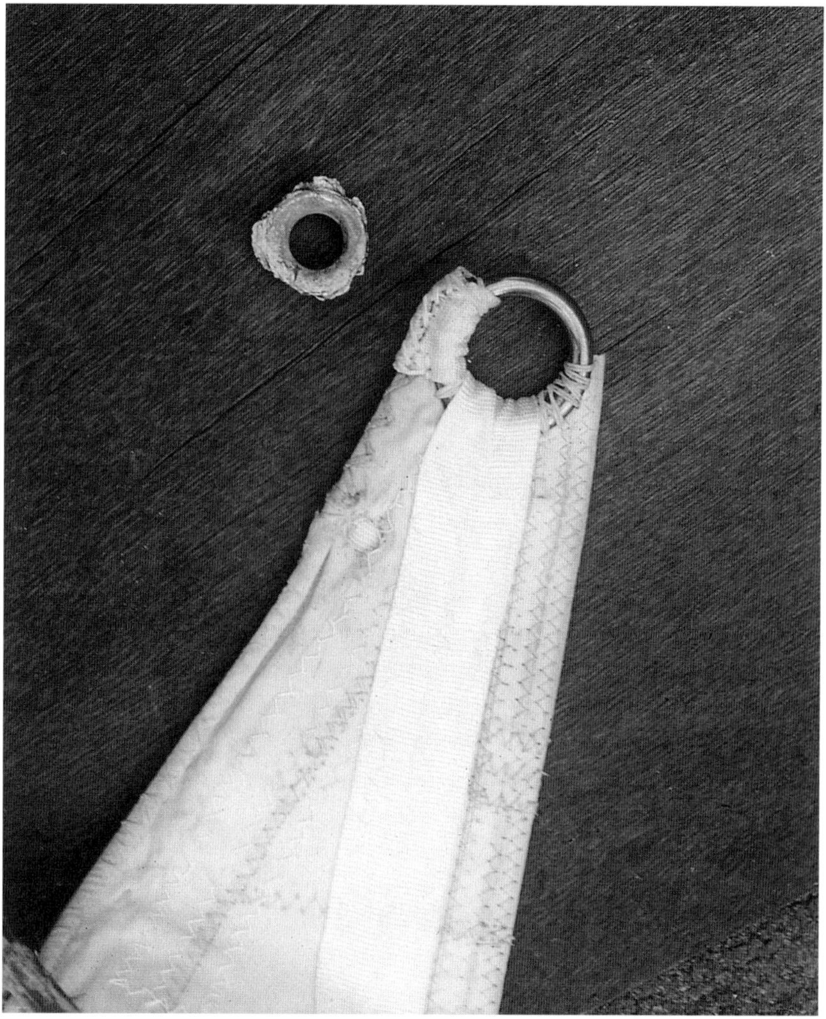

Abb. 67: Runder Ring als Ersatz für das daneben abgebildete Halsauge.

Wenn der Riß an einem Reffgatchen zu groß ist, empfiehlt es sich, das nächste Reff (sofern vorhanden!) einzubinden, bis die Umstände eine ordnungsgemäße Reparatur gestatten.

Segellatten

9) Gebrochene Segellatten möglichst schnell aus den Taschen nehmen, wenn kein Ersatz vorhanden ist. Die Bruchstellen verursachen in der Tasche einen weitaus größeren Schaden am Segel als ein killendes Achterliek (Achterlieksbändsel durchsetzen, damit das Segel nicht allzu sehr killt).

Wenn eine Latte die Tasche durchzuscheuern beginnt, klebt man einen Streifen Gewebeband über die betreffende Stelle und heftet oder näht ihn durch die vorhandene Naht fest.

Mastrutscher

10) Es ist kein großes Problem, wenn einer der Mastrutscher am Vorliek bricht. Auch zwei fehlende Rutscher spielen keine Rolle, solange sie nicht unmittelbar übereinander sitzen. Im Kopfbereich empfiehlt es sich in diesem Fall jedoch, das Segel niederzuholen, wenn die Umstände es erlauben, und ein oder zwei Rutscher aus dem unteren Teil nach oben zu versetzen. Die leeren Ösen können dann gegebenenfalls dazu verwendet werden, das Segel am Mast anzulaschen (siehe Abb. 68).

Großsegelunterliek

11) Die Plastikrutscher, an denen das Unterliek in der Baumschiene geführt wird, können je nach Verschleiß und Stärke der UV-Strahlung brechen. In diesem Fall sollte das Unterliek mit einer durch die Ösen und um den Baum geführten leichten Leine (3-mm-Achterlieksbändsel) am Baum angelascht werden, um die verbleibenden Rutscher zu entlasten (siehe Abb. 68).
12) Wenn das Segel ein Unterliektau besitzt, das in einer Keep im Baum läuft, ist beim Killen des Segels besonders die Naht des Stoßlappens oder Bands um das Liektau gefährdet. Wenn diese Naht reißt, bleibt auf See bei schlechtem Wetter nur die Möglichkeit, das Segel zu reffen, bevor der Schaden noch größer wird. Wird das Segel mit Rollreff um den Baum gerefft, sind mindestens zwei Umdrehungen erforderlich, um ein weiteres Einreißen zu verhindern.

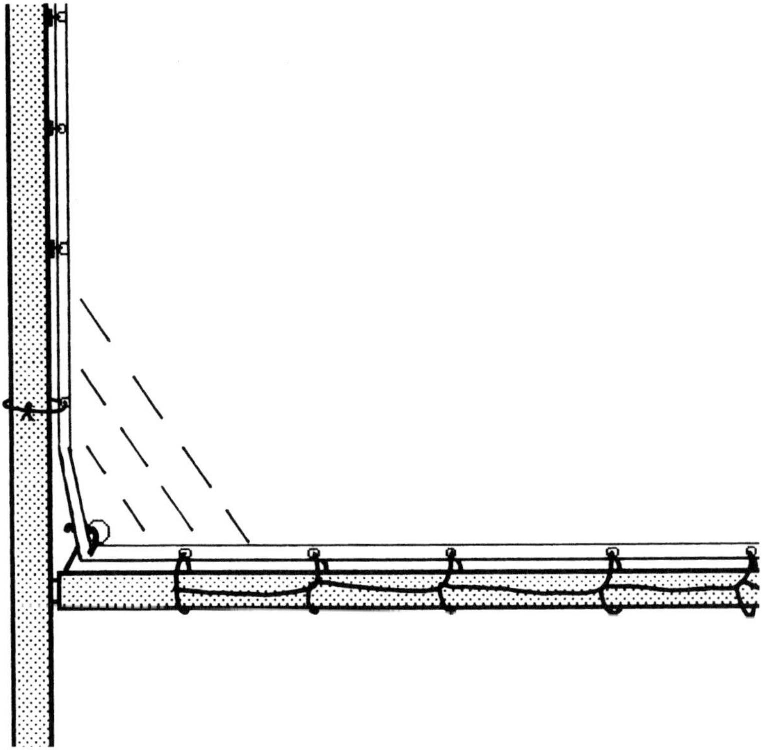

Abb. 68

Es muß ausdrücklich darauf hingewiesen werden, daß die aufgezeigten Reparaturmaßnahmen überwiegend rein provisorischer Natur sind und nur dazu dienen, Schlimmeres zu verhindern. Im nächsten Hafen muß eine ordnungsgemäße Instandsetzung erfolgen. Wer Glück hat, findet dort einen zuverlässigen Segelmacher, aber in vielen abgelegenen Gegenden stellt sich der »Segelmacher« als der örtliche Schuster oder als unqualifizierter Laie heraus. In diesem Fall empfiehlt es sich, vor der Übergabe des zu reparierenden Segels auf einer Arbeitsprobe zu bestehen und nach dem Preis der Reparatur zu fragen. Oft stellt sich dann nämlich heraus, daß man die Arbeit selbst besser und billiger erledigen kann.

Entsprechende Tips und Anregungen dazu enthält das nächste Kapitel.

Dauerhafte Instandsetzung

Nehmen wir einmal an, jemand mußte bei schlechtem Wetter auf See die im vorigen Kapitel beschriebenen provisorischen Reparaturen durchführen oder hat an einem Segel ein größeres Problem festgestellt, das dringend einer dauerhaften Lösung bedarf. Er hat seinen Zielhafen erreicht, möchte sein Segel ordnungsgemäß reparieren und in kürzester Zeit wieder auslaufen.

Als erstes muß das Segel gesäubert und getrocknet werden. Wenn schon nicht das gesamte Segel gewaschen wird, dann doch zumindest der Bereich, der instand gesetzt werden soll. Segelband, Emblemstoff und Doppelklebeband haften weitaus besser, wenn das Segeltuch trocken, sauber und salzfrei ist; hinzu kommt, daß die Arbeit dann mehr Spaß macht und sich kein Salz in die Nähmaschine setzt.

Die folgenden Reparaturanleitungen weisen die gleiche Reihenfolge auf wie im vorhergehenden Kapitel. Es wird dabei vorausgesetzt, daß keine Nähmaschine zur Verfügung steht.

Mit einer Zickzacknähmaschine gehen die meisten dieser Reparaturen weitaus schneller vonstatten. Es empfiehlt sich deshalb, nach Möglichkeit eine Maschine auszuleihen oder das Segel zu jemandem zu bringen, der bereit ist, die Näharbeiten zu übernehmen. Im letzteren Fall sollte das Segel so in einem Sack verstaut werden, daß die zu nähenden Teile sich oben befinden. Dann braucht man nicht unbedingt das ganze Segel auszubreiten, wenn nur begrenzt Platz vorhanden ist.

Achterliek

1) Gelöste Naht: Zweimal am Stoßlappen entlang über die provisorische Naht nähen. Dadurch, daß die provisorische Naht an Ort und Stelle bleibt, kann sich der Stoßlappen nicht verschieben.

Aufgerissene Naht von Hand (siehe Abb. 69) mit Stopfnadel und Zahnseide durch die vorhandenen Löcher nachnähen. Anschließend noch einmal übernähen, so daß sich eine Zickzacknaht ergibt. Die neue Naht muß an beiden Enden weit genug über die gelöste alte Naht hinausreichen.

2) Gerissenes Achterlieksbändsel: Wenn die Enden provisorisch verknotet wurden, sollten jetzt der Knoten gelöst und die Enden

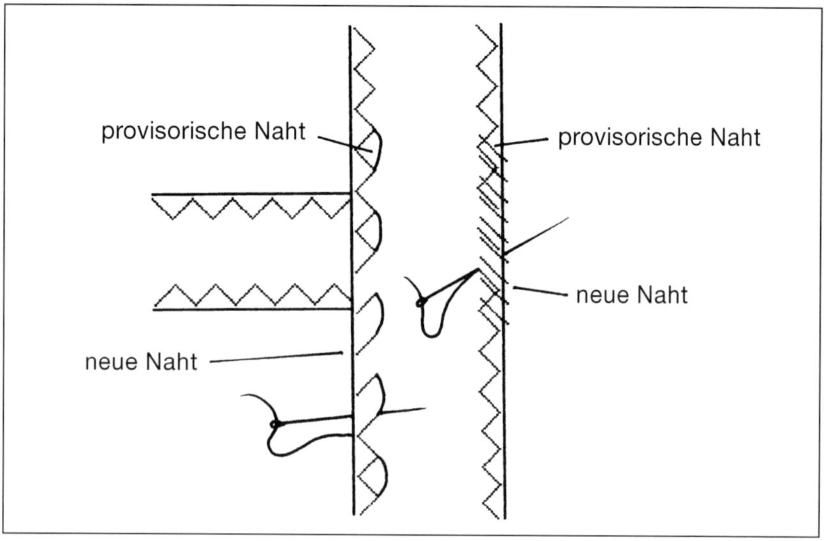

Abb. 69

miteinander vernäht werden (siehe Abb. 59). Anschließend den Stoßlappen gemäß Abb. 69 wieder festnähen.

3) Aufgerissene Naht: Über der provisorischen Naht nachnähen und darauf achten, daß die Spannung in beiden Lagen gleich ist. Die Nahtlöcher müssen übereinander liegen, damit das Segel sein ursprüngliches Profil behält. Beim Nachnähen mit der Maschine eventuell vorhandene Knoten in der provisorischen Handnaht abschneiden, damit die Maschine nicht stekken bleibt.

Wenn die Webkante des Segeltuchs ausgefranst ist, sollte sie verstärkt werden, bevor die Naht repariert wird. Ein oder zwei Fransen an der Kante können einfach verschweißt werden; wenn die Kante jedoch weiter ausgefranst ist, muß ein Flicken aufgesetzt werden.

Dazu gibt es zwei Möglichkeiten. Am einfachsten (speziell ohne Nähmaschine) ist es, die Heftnaht an der inneren Nahtlinie zu belassen, vorhandene Knoten abzuschneiden und anschließend auf beiden Seiten einen Flicken aus Emblemstoff oder Segelband aufzusetzen, der die ausgefranste Stelle um 3 cm überlappt. Segelband wird zum leichte-

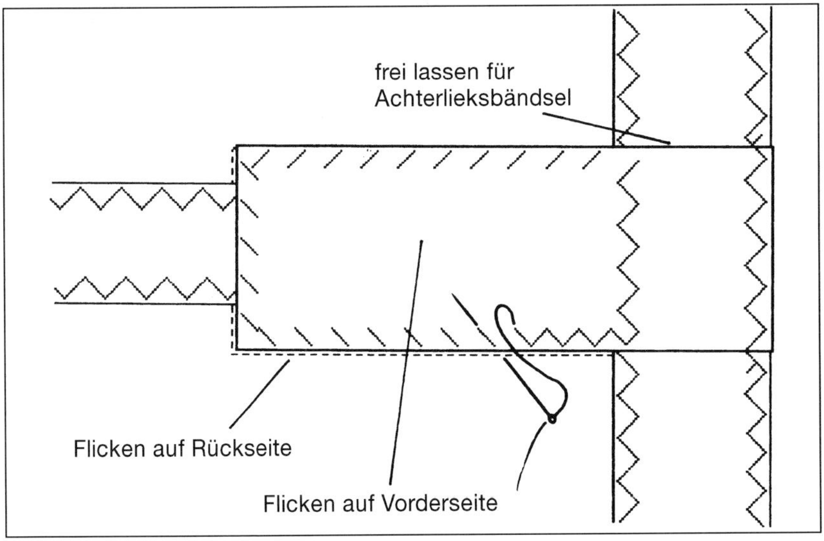

Abb. 70

ren Nähen festgetackert oder angeklebt (mit Doppelklebeband). Für das Zickzackmuster mit Bleistift eine Linie unmittelbar an der Kante des Flickens und eine weitere parallel dazu 5 mm weiter innen ziehen, die als Anhaltspunkte beim Nähen dienen (siehe Abb. 70).
Alternativ können beide Bahnen des Segeltuchs verstärkt werden. Dazu löst man die provisorische Naht und verstärkt beide Bahnen mit einem Streifen Segelband, der in einer Linie mit der ursprünglichen Webkante liegt und ein Stück in die Bahn hineinragt. Anschließend die Bahnen in der ursprünglichen Form unter Berücksichtigung der richtigen Spannung wieder zusammennähen. Das geht am besten, indem man die Bahnen mit Reißzwecken auf einem Holzbrett in die passende Lage bringt und mit Klebeband fixiert oder mit Bleistift passende Markierungen anbringt (siehe Abb. 71).

Die beiden Bahnen am Achterliek passend ausrichten und an der Faltlinie des Stoßlappens zusammenheften. Das Segel vorsichtig in Richtung Vorliek ziehen, bis beide Bahnen gleichmäßig gespannt sind, Bahnen feststecken oder (mit Doppelklebeband) fixieren und an den »neuen Webkanten« entlangnähen. Achterliek wie in Punkt 1 (gelöste Naht) vernähen und gemäß Abb. 57 verstärken.

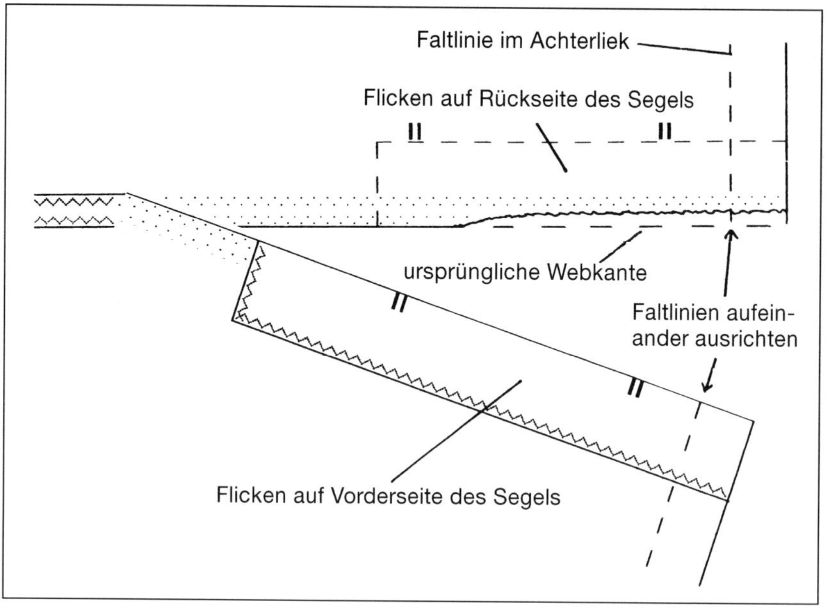

Abb. 71

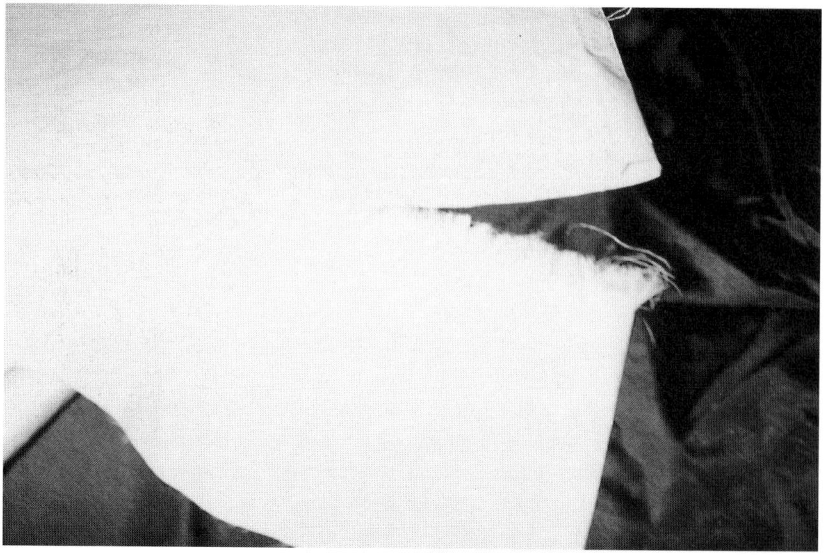

Abb. 72: Die ausgefranste Webkante an dieser Naht muß wie in Abb. 71 verstärkt werden.

Abb. 73: Der Streifen Segelband verläuft in einer Linie mit der ursprünglichen Webkante.

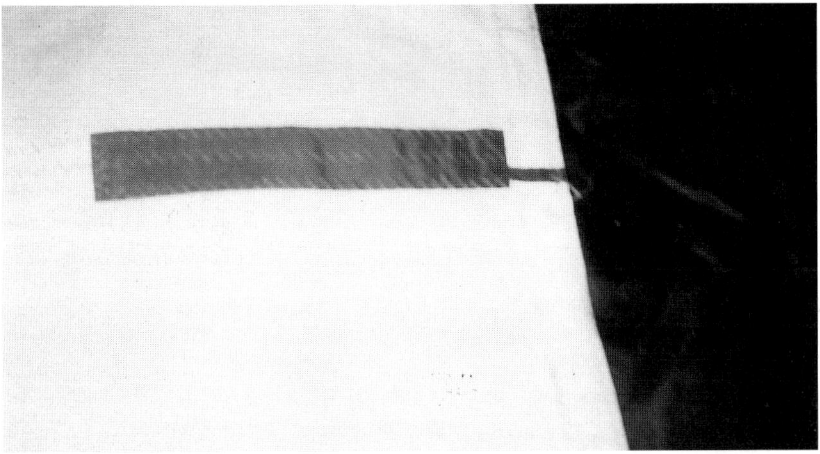

Abb. 74: Nach der Reparatur (farbiges Segelband nur zur besseren Darstellung).

Risse im Segeltuch

4) Faden aus der provisorischen Hexenstichnaht ziehen (gegebenenfalls vorher den aufgebügelten Flicken abziehen) und das Segel mit warmem Bügeleisen glattbügeln. Rißkanten mit breitem Klebeband auf der Rückseite zusammenhalten, auf der Vorderseite des Segels einen dünnen Streifen Emblemstoff über den Riß legen und unter Verwendung eines dünnen Tuchs anbügeln. Zwei weitere Flicken Emblemstoff Rücken auf Rücken zurechtschneiden, die auf allen Seiten 5 cm über den Riß hinausragen. Auf dem Segel mit Bleistift zwei Linien 5 cm über und auf einer Seite 5 cm neben dem Riß einzeichnen und anhand dieser Linien einen Flicken aufsetzen. Segel umdrehen, Klebeband entfernen und Segel gegen das Licht halten, so daß der Umriß des Flickens erkennbar ist. Umriß mit Bleistift nachzeichnen, den zweiten Flicken aufsetzen und beide Seiten anbügeln (ein Tuch verhindert, daß sich Kleberückstände am Bügeleisen festsetzen). Flicken rundherum im Zickzackmuster annähen. Bei einem schweren Segel müssen die Flicken auf beiden Seiten eventuell doppelt genommen und zusätzlich vernäht werden (siehe Abb. 75).

5) Tiefer Riß: Provisorisch gelegte Nähte auftrennen und Gurtband entfernen. Achterliek 25 cm über und unter dem Riß auftrennen und Segel glattbügeln (einschließlich Stoßlappen, falls nur gesäumt). Segel mit Reißzwekken so auf einem Holzbrett befestigen, daß die Faltlinien des Stoßlappens und die Rißkanten aneinanderliegen. Reißzwecken möglichst nahe am Rand des Segels eindrücken. Segel vorsichtig in Rißrichtung ziehen, bis es flach liegt und die Spannung auf beiden Seiten gleich ist; Segel mit

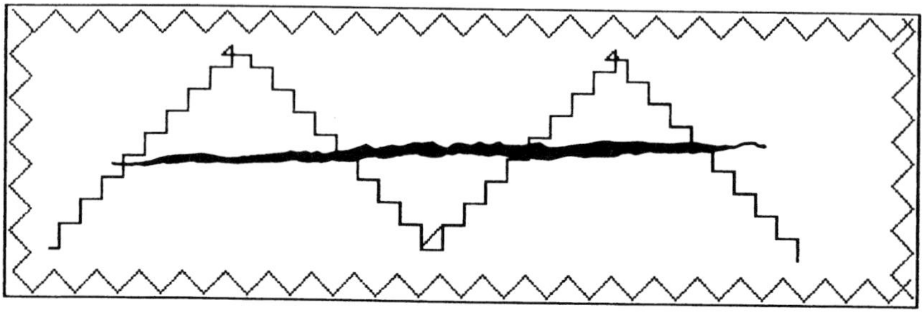

Abb. 75

Reißzwecken an den Rißkanten festheften (siehe Abb. 76).
Einen schmalen Streifen Emblemstoff bis zur Kante des Segels über den Riß kleben und anbügeln. Zwei weitere Flicken Rücken auf Rücken zurechtschneiden, die auf allen Seiten 5 cm über den Riß hinausragen. Ersten Flicken auf die Vorderseite des Segels legen, so abschneiden, daß er bis zur ersten Faltlinie reicht, und anbügeln. Segel umdrehen, Umriß des ersten Flickens anzeichnen und zweiten Flicken so aufkleben, daß er bis zum Rand des Segels reicht. Segel mitsamt Flicken an den ursprünglichen Faltlinien falten und das Achterliek wieder festnähen. Darauf achten, daß das Achterlieksbändsel an Ort und Stelle und intakt ist.
Wenn der Stoßlappen aufgesetzt ist, muß er erst weit genug aufgetrennt werden, damit das Segel wie oben geflickt werden kann. Anschließend wird der Stoßlappen instand gesetzt. Dazu den Reparaturstreifen mit dem einen Ende am Stoßlappen annähen, den Stoßlappen wieder in die richtige Lage bringen und das andere Ende des Reparaturstreifens auf dem Stoßlappen anzeichnen. Entsprechend anheften und zweimal übernähen. Fransen abschneiden und Stoßlappen wieder am Segel annähen (siehe Abb. 77).

Ausgefranstes Achterliek

6) Aufgetackertes Segelband entfernen und das Segel mit warmem Bügeleisen glattbügeln. Wenn das Tuch stark ausgefranst ist, sollte es Bahn für Bahn

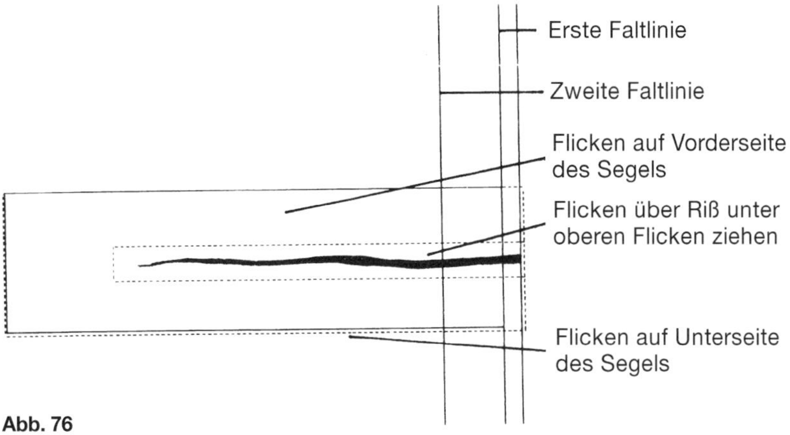

Abb. 76

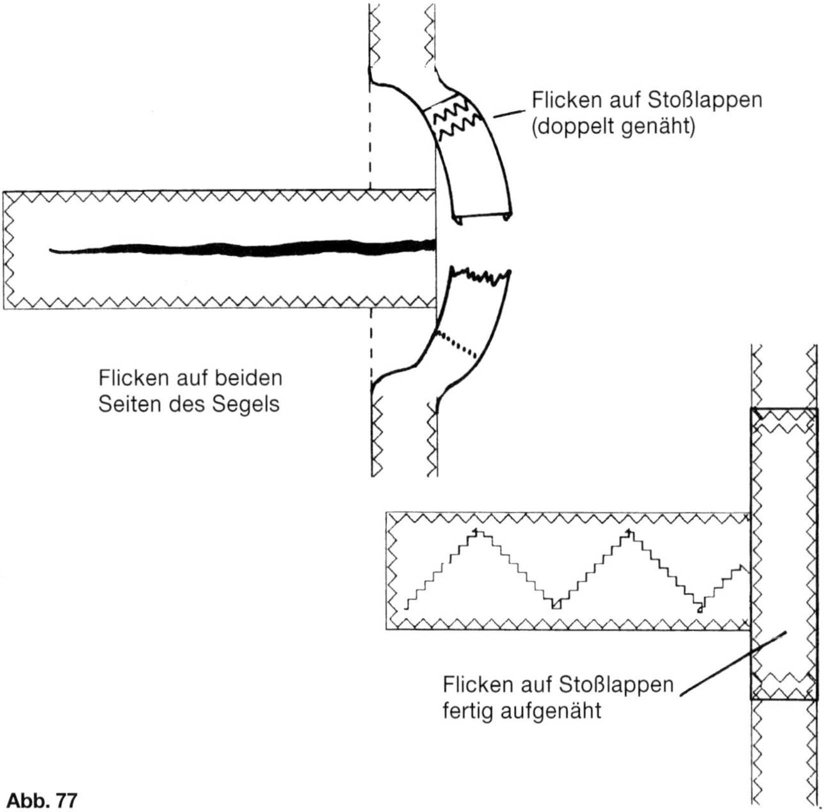

Abb. 77

erneuert werden (statt nur einen einzigen großen Flicken aufzusetzen).

Dazu benötigt man Segeltuch von gleichem Gewicht und gleicher Struktur, das so ausgerichtet werden muß, daß Kette (Längsfaden) und Schuß (Querfaden) in der gleichen Richtung verlaufen wie beim Segel.
Nähte der ausgefransten Bahnen bis 20 cm hinter die am weitesten innen liegende Schadstelle auftrennen. Mit Bleistift in der Mitte zwischen Schadstelle und aufgetrennter Naht im rechten Winkel zur Naht einen Strich ziehen (das ist die Linie, an der der Flicken angesetzt wird). Die Flicken sollten versetzt angeordnet werden, damit die Ansatzpunkte an den Nähten nicht übereinander liegen.
Segel flach ausbreiten und vom Hals über den nicht beschädigten Teil des Achterlieks ein weiches Tau in einer sanft geschwungenen Linie bis zum Schothorn legen. Die Innensei-

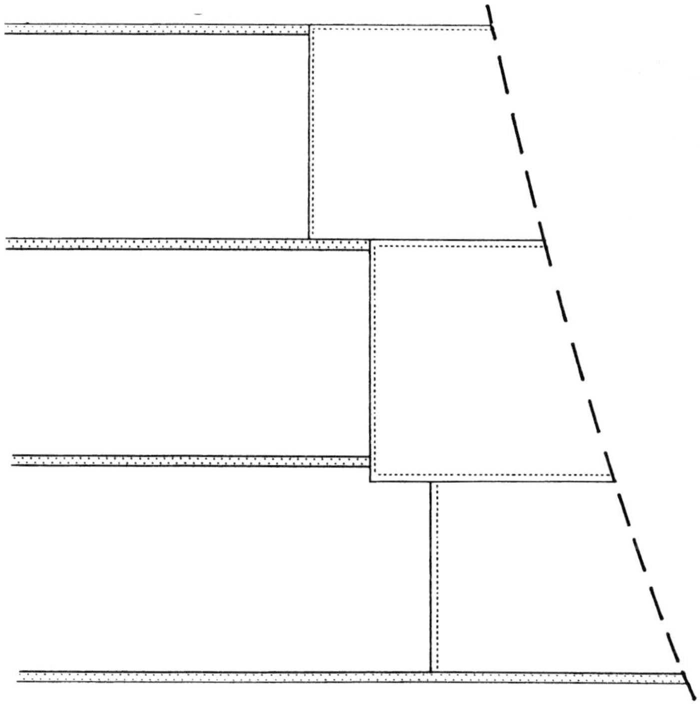

Abb. 78

te des Taus mit Kreide nachzeichnen; das ergibt die Außenkante der Flicken auf den Bahnen.

Das neue Segeltuch für die einzelnen Bahnen mit einem Lötkolben rechtwinklig zur Webkante zuschneiden. Die Schneidkanten an der mit Bleistift gezogenen Linie anlegen (Webkante auf Webkante) und mit Doppelklebeband befestigen. Wenn das als Flicken verwendete Tuch breiter ist als die Bahnen des Segels, kann man es entweder passend abschneiden oder überlappen lassen (siehe Abb. 78).

Flicken Bahn auf Bahn an der Schneidkante auf das Segel nähen. Aufgesetzte Stücke umschlagen, altes Tuch 5 cm vor der Naht abschneiden und an dieser Schneidkante entlang festnähen. Anschließend das Segel ausbreiten, so daß die Bahnen gleichmäßig gespannt sind, Bahnen zusammenheften und abnähen.

Segel erneut ausbreiten, Achterliek an der Kreidelinie einschlagen und

Abb. 79: Ausgefranstes Achterliek nach der dauerhaften Instandsetzung.

bei mittlerer Temperatur anbügeln. Darauf achten, daß die Faltlinien über und unter der zu reparierenden Stelle aneinanderliegen, wenn das Achterliek zum Saum umgeschlagen ist. Bei aufgesetztem Stoßlappen das Tuch an der Faltlinie abschneiden, Segelband über die Kante nähen und die Nähte an beiden Enden verstärken.

Hals und Schothorn

7) Ausgerissenes Auge an Kopf, Hals oder Schothorn: Wenn die provisorische Reparatur ordnungsgemäß vorgenommen wurde, bleibt nichts weiter zu tun, es sei denn, man näht die Kanten des Gurtbands mit einer Industrienähmaschine nach.

Reffgatchen

8) Ausgerissene Reffgatchen werden am besten vollständig mitsamt Öse und Verstärkung ersetzt. Damit die Reparatur nicht auffällt, sollte der aufgesetzte Flicken die gleiche Form aufweisen wie das Original, z.B. ein auf der Spitze stehendes Quadrat. Zwei Flicken in derselben Form zurechtschneiden, die so groß sind, daß sie die Schadstelle auf allen Seiten um 5 cm überlap-

pen. Flicken auf beiden Seiten des Segels anheften und rundherum mit einer Doppelnaht befestigen. Anschließend einen neuen Verstärkungsflicken in der gleichen Größe wie der ursprüngliche ausschneiden und aufnähen. Das Ganze zusätzlich diagonal von oben nach unten und von rechts nach links vernähen (siehe Abb. 80).

Anschließend eine neue Öse möglichst genau an der Stelle der alten einsetzen.

Segellatten

9) Segellatten sind die Ursache für 75 Prozent aller Reparaturarbeiten an Groß- und Besansegeln. Aufgerissene Lattentaschen repariert man am einfachsten, indem man auf beiden Seiten einen Flicken aufklebt und an den Kanten festnäht. Wenn das nicht hält, trennt man das innere Ende der Tasche auf, setzt auf beiden Seiten des Segels einen längeren und breiteren Flicken unter und näht die Tasche wieder fest. Anschließend die Latten auf scharfe Ecken und Kanten überprüfen, da hier meist die Ursache des Problems zu finden ist.

Segellatten brauchen nicht ganz fest in den Taschen zu sitzen. Für das Segel ist es sogar besser, wenn die Taschen nicht so eng sind, daß die Latten regelrecht hineingezwängt

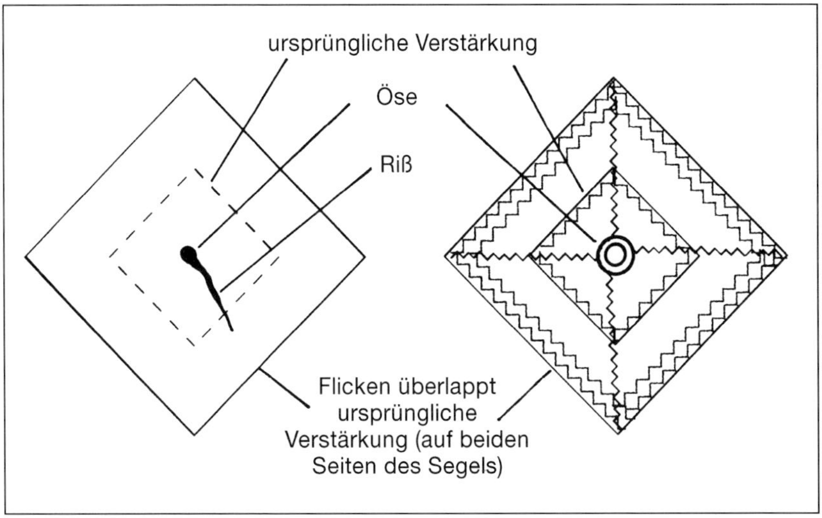

Abb. 80

werden müssen. Bei Segellatten, die keine Plastikkappen an den Enden haben, werden die Enden mit Abdeckklebeband oder Isolierband umwickelt, damit sie nicht in das Segeltuch einschneiden.

Mastrutscher

10) Siehe Abb. 47. Bei gebrochenen Mastrutschern hilft ansonsten nur eins, nämlich, immer genügend Ersatz an Bord zu haben.

Großsegelunterliek

11) Rutscher: Ausreichend Ersatzrutscher mitsamt Gurtband oder Schäkeln zur Befestigung mitführen.

12) Unterliektau: Wenn das Segel an der Stelle zu reißen beginnt, an der das Band, das das Unterliektau umgibt, auf das Segel trifft, besteht die einzige Reparaturmöglichkeit darin, einen Streifen Segelband über das gesamte Unterliek zu ziehen. Das ist nicht ganz einfach, weil das Liektau auf seine volle Länge gereckt und das Segelband mit Doppelklebeband oder Kontaktkleber angebracht werden muß, solange der Zug auf dem Liektau genau so groß ist wie der auf dem Segeltuch. Wenn das Unterliek so weit gereckt werden kann, daß das Segelband glatt anliegt, und von Hand genäht werden soll, muß das geschehen, wenn das Unterliek straff gespannt ist. Zum Nähen mit der Maschine müssen Segel und Unterliek so lange unter Zug gehalten werden, bis der Kontaktkleber abgebunden hat (aber auch dann empfiehlt es sich, das Segelband vorher festzutackern).

Die ersten Verschleißerscheinungen zeigen sich beim Unterliektau mit ziemlicher Sicherheit im Bereich des Segelhalses, wo es aus der Keep im Baum austritt. Hier besteht nur die Möglichkeit, einen Flicken aus PVC, Segelband oder Emblemstoff aufzusetzen und die Austrittsstelle mit einer feinen Feile abzurunden (oder den Halsbeschlag tiefer zu setzen). Ansonsten kommen nur noch Rutscher im gleichen Durchmesser wie das Liektau in Frage, die wie die Mastrutscher mit Gurtband in Ösen (siehe Abb. 47) befestigt werden. Dadurch wird das Segel etwas voller, weil es ca. 3 cm über dem Baum steht.

Handnähte

Eine aufgerissene Naht zwischen zwei Bahnen im Segel läßt sich leichter reparieren, wenn die Kanten vorher mit Doppelklebeband oder etwas farblosem Kontaktkleber in der Mitte zwischen den vorhandenen Einstichlöchern fixiert werden. Dadurch bleibt die richtige Spannung im Tuch erhalten. Einfacher läßt sich die Arbeit mit einem Helfer erledigen. Das Segel so über den Baum legen, daß die verklebte Naht sich parallel zum Deck auf halber Höhe zwischen Deck und Baum befindet. Jetzt kann die Nadel abwechselnd von beiden Seiten durch die ursprünglichen Einstichlöcher geführt und von der jeweils anderen Seite mit einer Zange durchgezogen werden.

Wenn die Naht in einer Eckversteifung liegt oder mehrere Lagen Tuch genäht werden müssen, erleichtert man sich die Arbeit, indem man erst mit einem dünnen Dorn und einem Holzhammer die Löcher einschlägt. Dann bricht die Nadel auch nicht so schnell ab.

Maschinennähte

Das Hauptproblem besteht hierbei darin, das Segel unter dem Maschinenarm hindurchzubekommen. Leichter wird es, wenn das Segel vorher zusammengefaltet und gerollt wird, so daß nur die beschädigte Naht frei bleibt (siehe Abb. 81).

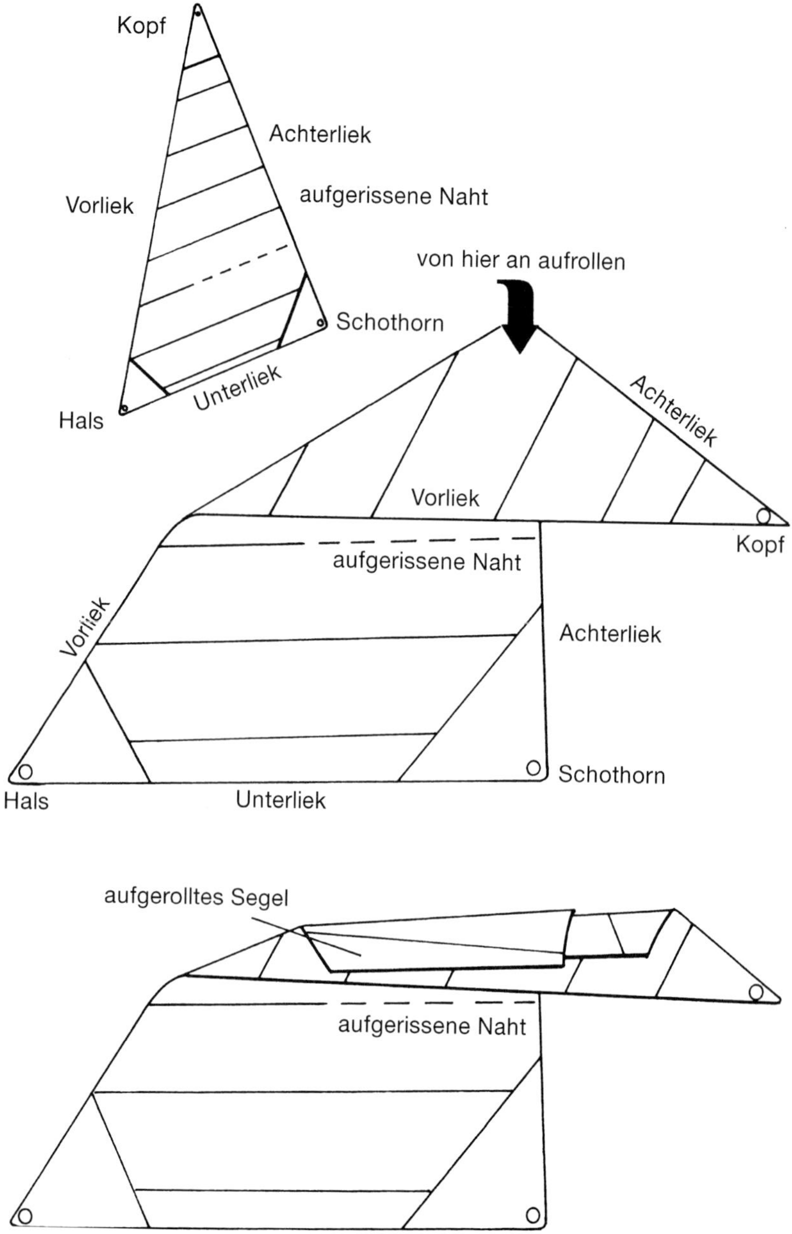
Kopf
Achterliek
Vorliek
aufgerissene Naht
Schothorn
Hals
Unterliek
von hier an aufrollen
Achterliek
Vorliek
Kopf
aufgerissene Naht
Vorliek
Achterliek
Schothorn
Hals
Unterliek
aufgerolltes Segel
aufgerissene Naht

Abb. 81

Signalsegel/ Wassersammler/ Sonnensegel

Zur herkömmlichen Sicherheitsausrüstung gehört oft auch ein orangefarbenes Quadrat aus Kunststoff oder PVC mit Ösen in den Ecken, das im Notfall das Ausmachen des Bootes erleichtern soll. Dieses Quadrat ist aber oft nicht groß genug, um aus einiger Entfernung gesehen zu werden, und vom Material her nicht fest genug für Schlechtwetterbedingungen, unter denen es ja am ehesten zum Einsatz kommt.
Da der Stauraum auf den meisten Yachten knapp ist, empfiehlt sich eine Kombination aus Sonnensegel, Wassersammler und Signalsegel, die zusammengefaltet in einem eigenen Sack nur wenig Platz beansprucht, nicht verrottet oder verschimmelt und sich schnell für die einzelnen Zwecke herrichten läßt.
Viele Segelmacher, Zeltmacher und Segeltuchläden haben schweres orangefarbenes PVC am Lager. Benötigt wird ein Quadrat, dessen Seiten halb so lang sind wie der Großbaum plus 8 cm für den Saum. Wenn dazu zwei Bahnen zusammengesetzt werden müssen, wird zuerst Kante auf Kante genäht und dann der Saum umgenäht (siehe Abb. 82).
Möglicherweise findet sich auch jemand, der den Saum verschweißen kann. Aber auch dann empfiehlt es sich, den Saum durch eine Zickzacknaht zu verstärken.

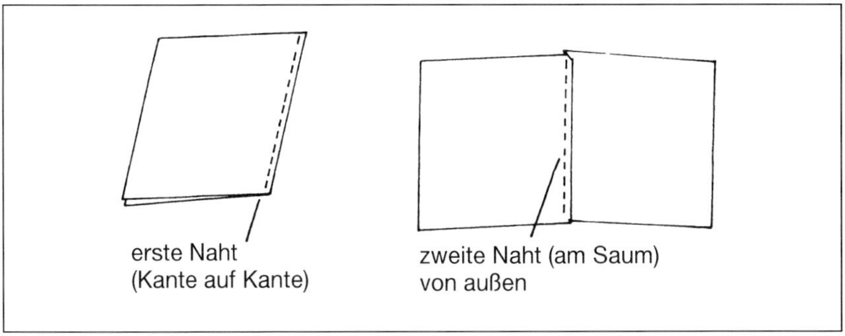

Abb. 82

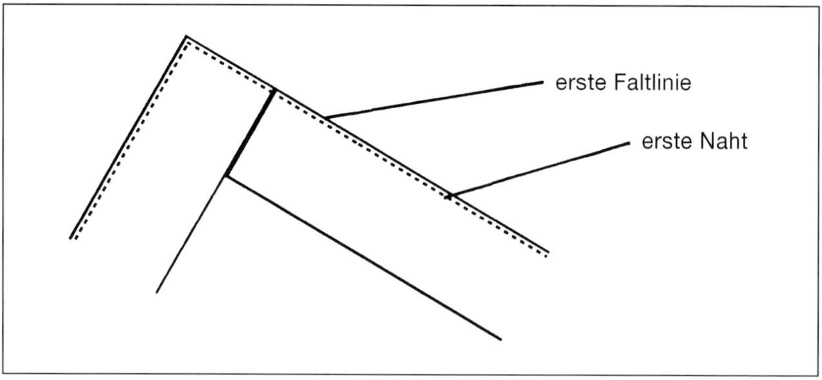

Abb. 83

Auf der Außenseite in 4 cm Abstand von den Rändern eine Linie ziehen, die Ränder umschlagen und an der Falte abnähen (siehe Abb. 83).
Parallel zur ersten Faltlinie in 4 cm Abstand eine weitere Linie ziehen. Entlang dieser Linie wird der Saum für die Leine zur Kantenverstärkung umgeschlagen. Diese Leine sollte mindestens 3 mm dick und nicht geschlagen, sondern geflochten sein, weil sie sich dann weniger reckt. Leine passend zum Umfang des Quadrats mit 10 cm Zugabe abschneiden und an der angezeichneten Linie (mit Reißverschlußfuß der Nähmaschine) bis auf 20 cm einnähen (siehe Abb. 84). Enden der Leine zusammennähen und Saum möglichst nahe an der Verbindungsstelle der beiden Enden schließen.
Innenkante des Saums annähen; dabei die Ecken einschlagen und übernähen (siehe Abb. 85).

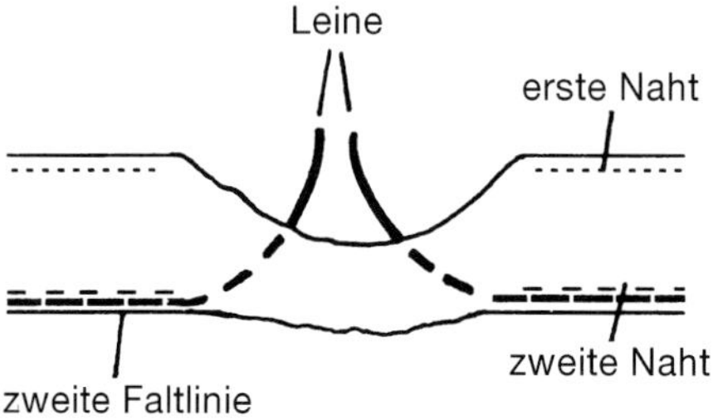

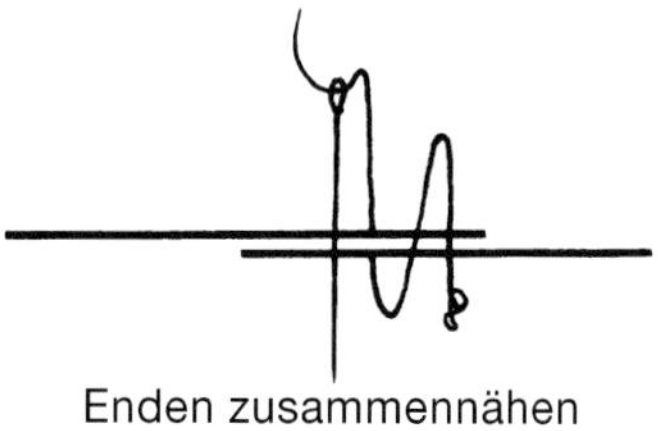

Abb. 84

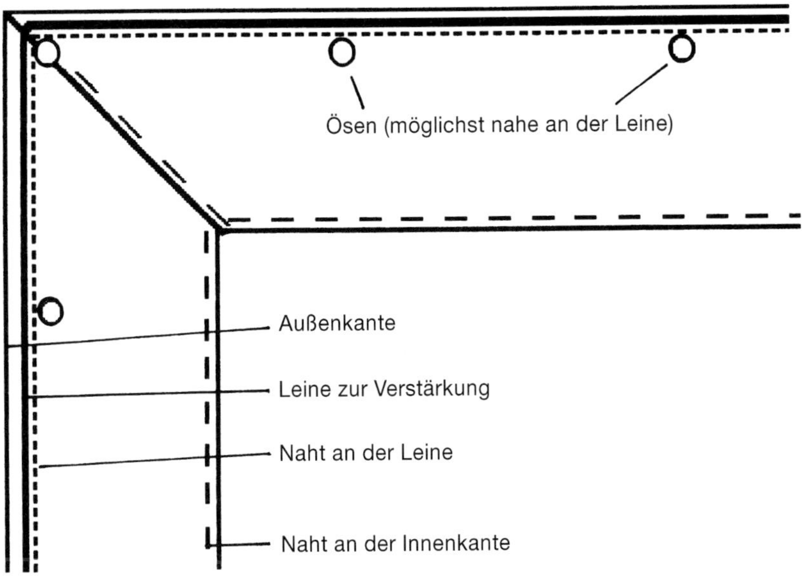
Ösen (möglichst nahe an der Leine)
Außenkante
Leine zur Verstärkung
Naht an der Leine
Naht an der Innenkante

Abb. 85

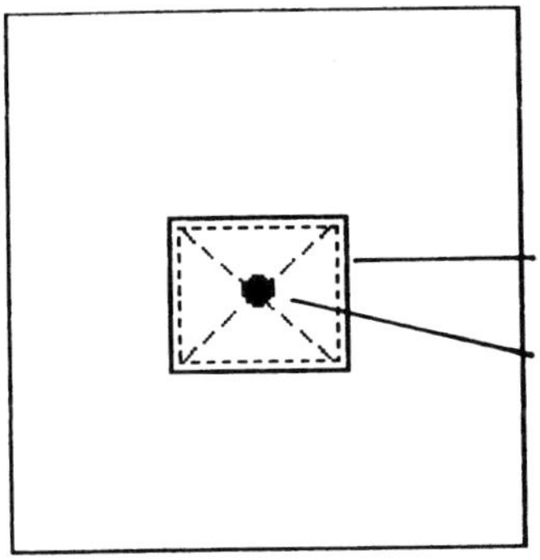
Mittelstück
Loch für Außenhautbeschlag

Abb. 86

PVC-Quadrat flach ausbreiten und Diagonalen einzeichnen. Im Schnittpunkt der Diagonalen ein Loch einstanzen. Zwei Stücke von 30 cm im Quadrat aus dem gleichen Material ausschneiden, zentriert vorn und hinten auf das große Quadrat kleben und an den Kanten doppelt sowie in den Diagonalen einfach festnähen (siehe Abb. 86).

In der Mitte ein Loch für einen kleinen Außenhautbeschlag einstanzen. Beschlag einsetzen und mit Silikon abdichten. Für die Augen am Rand, die möglicherweise von einem Segelmacher eingesetzt werden müssen, Ösen aus Messing oder Edelstahl verwenden, und zwar mindestens fünf auf jeder Seite, besser aber sieben oder neun.

Da das ganze für den Notfall konzipiert ist, empfiehlt es sich, ein paar reflektierende Streifen aufzukleben (bzw. aufzunähen), wie es sie bei Schiffsausrüstern und in Fahrradgeschäften gibt. Diese Streifen bieten zusätzlich den Vorteil, daß sie Radarstrahlen reflektieren.

Da hätten wir also nun ein Stück verstärktes orangefarbenes PVC. Aber wozu?

Im Notfall könnte es uns das Leben retten. Als Sonnensegel über dem Baum sorgt es nicht nur für Schatten, sondern durch die auffallende Farbe und die reflektierenden Streifen auch für bessere Sichtbarkeit aus der Entfernung. Unter dem Baum ausgespannt, vorn an den Wanten und hinten an den Relingsdrähten befestigt (oder auch zwischen den Kokospalmen auf einem verlassenen Atoll), sammelt sich darin bei jedem Schauer Regenwasser und über Nacht sogar der Tau.

Wenn es ganz schlimm kommt, kann das gute Stück sogar als See- oder Treibanker dienen; in diesem Fall muß es anschließend aber wahrscheinlich losgeworfen werden, weil es schwer sein dürfte, es wieder an Bord zu holen (siehe »Treibanker«).

Wenn dieses nützliche Stück fertig ist, wird es möglichst klein zusammengelegt, kommt in einen selbstgenähten Sack – ebenfalls aus orangefarbenem Stoff und mit großen Buchstaben beschriftet – und wird an einer leicht zugänglichen Stelle verstaut. Hoffentlich wird es niemals gebraucht, aber nachdem ich zweieinhalb Wochen gestrandet auf einem Riff verbracht habe, wünschte ich, ich hätte damals schon so etwas gehabt.

Einfacher Treibanker

Ein See- oder Treibanker ist etwas, von dem man hofft, daß man es nie benötigt. Wie Sturmfock und Trysegel ist er wahrscheinlich in der hintersten Ecke verstaut, um Platz für häufiger benötigte Ausrüstungsgegenstände zu schaffen. Aber wenn er einmal gebraucht wird, dann soll

er auch griff- und sofort einsatzbereit sein.
Die älteren Konstruktionen mit Draht- oder Metallring nehmen mehr Platz weg und sind generell schwerer zu handhaben als die neueren »Fallschirm«-Modelle, die die gleiche Wirkung erzielen.
Diese Fallschirmanker können so einfach oder so kompliziert ausfallen, wie man es möchte. Im folgenden wird ein Modell vorgestellt, das schnell und einfach anzufertigen ist, verpackt weniger Platz in Anspruch nimmt als ein großes Badelaken und sich in wenigen Sekunden an einer Leine befestigen und ausbringen läßt.
Das beste Material dafür ist schweres Segeltuch aus Kunstfaser. Das saugt sich fast genauso schnell mit Wasser voll wie Segeltuch aus Naturfasern, trocknet aber schneller, hält länger und braucht weniger Stauraum.
Die Größe des Treibankers richtet sich nach der Bootslänge. Als grober Anhaltspunkt für den zuerst auszuschneidenden Kreis kann dienen, daß der Durchmesser pro Meter Rumpflänge 10 cm betragen muß. Der fertige Treibanker entspricht dann in etwa den Vorgaben der Royal Admiralty (britisches Marineministerium).
Der Kreis wird am einfachsten mit Hilfe einer Reißzwecke, eines Bindfadens und eines Bleistifts auf das Tuch gezeichnet. Bindfaden locker an der Bleistiftspitze befestigen, den Radius abmessen und an dieser Stelle die Reißzwecke einstekken.
Das Tuch flach auf einem Holzbrett oder ähnlichem ausbreiten, die Reißzwecke in der Mitte eindrücken und mit dem Bleistift bei voll gestrecktem Bindfaden einen Kreis ziehen. Tuch an dieser Kreislinie ausschneiden und die Kante mit einem Lötkolben verschweißen.
Kreis auf die Hälfte und dann auf ein Viertel zusammenfalten und die Kante mit der stumpfen Seite der

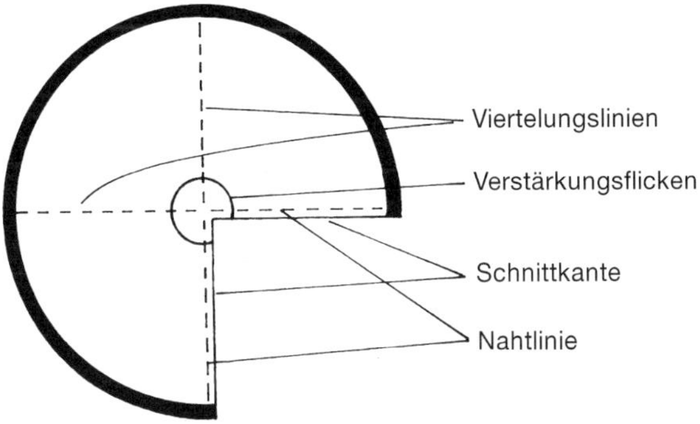

Abb. 87

Schere flachstreichen, so daß Mittelpunkt und Viertelungslinien sich deutlich abzeichnen.

Aus dem gleichen oder aus schwererem Tuch, aber in einer Kontrastfarbe einen kleinen Kreis (etwa 20 cm Durchmesser) als Verstärkungsflicken ausschneiden. Mittelpunkte und Viertelungslinien der beiden Kreise in Deckung bringen und den kleinen Kreis außen auf den großen nähen.

Ein Viertel des gesamten Kreises etwa 1 cm vor den Viertelungslinien ausschneiden (siehe Abb. 87).

Mit einem Zirkel um den Mittelpunkt einen Kreis mit 10 cm Durchmesser und einen weiteren Kreis mit 11 cm Durchmesser schlagen. Der erste Kreis bildet die Schnittkante, der zweite die Nahtlinie für die Verstärkung aus Gurtband.

Innen an der Nahtlinie entlang annähen und das Mittelteil an der Schnittkante ausschneiden (siehe Abb. 88).

Das ergibt die »Austrittsöffnung« am schmalen Ende, die dafür sorgt, daß der Treibanker im Wasser nicht ins Trudeln gerät.

Treibanker auf die Hälfte falten, so daß das Tuch rechts auf rechts und die Schnittkanten außen und in der Mitte übereinander liegen (siehe Abb. 89)

Mit Geradstich an der Nahtlinie entlangnähen und den Saum nach einer Seite umbügeln. Von außen den Saum mit Zickzackstich festnähen (siehe Abb. 90)

Jetzt muß das schmale Ende mit 2,5 cm breitem Gurtband, das an beiden Enden verschweißt ist, verstärkt werden. Das geht einfacher, wenn das Tuch in Abständen von 1 cm eingekerbt wird (siehe Abb. 91).

Gurtband auf die Hälfte falten und vor dem Nähen ankleben oder -heften; die Enden müssen sich mindestens 1 cm überlappen. Rundherum doppelt mit Zickzackstich festnähen (siehe Abb. 92).

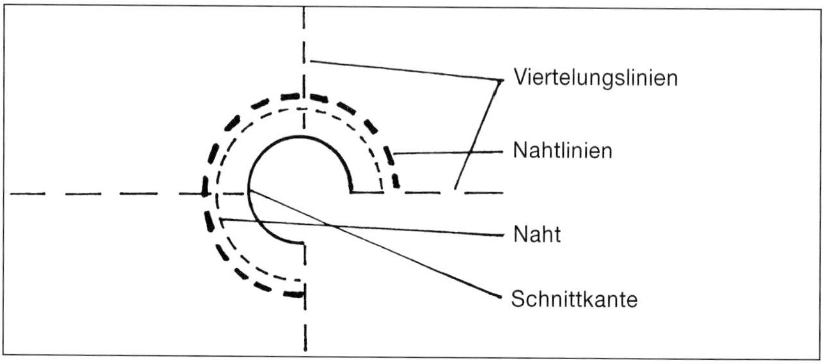

Abb. 88

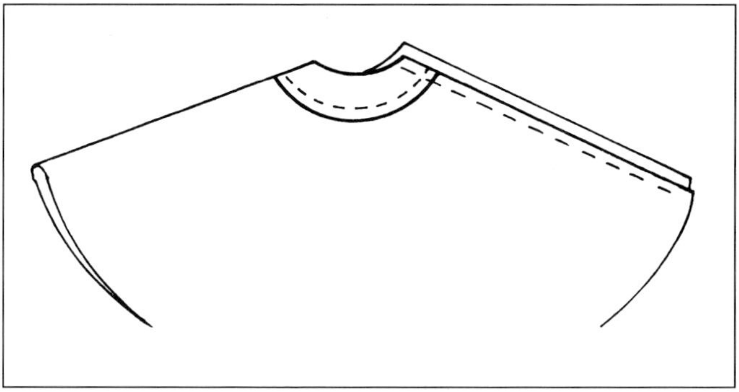

Abb. 89

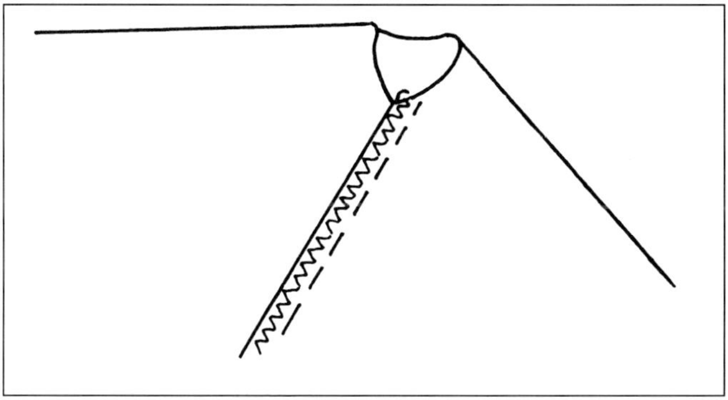

Abb. 90

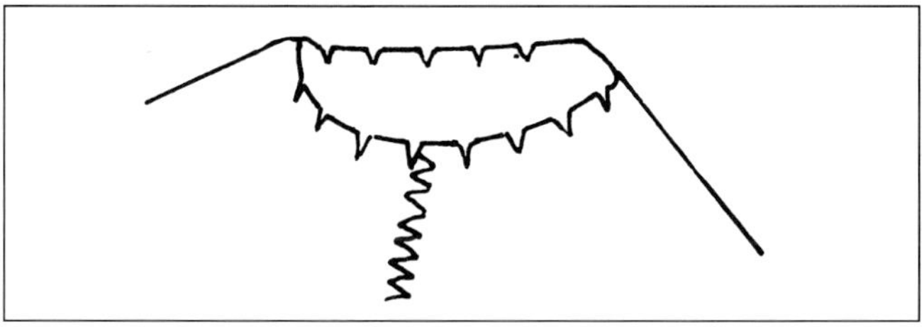

Abb. 91

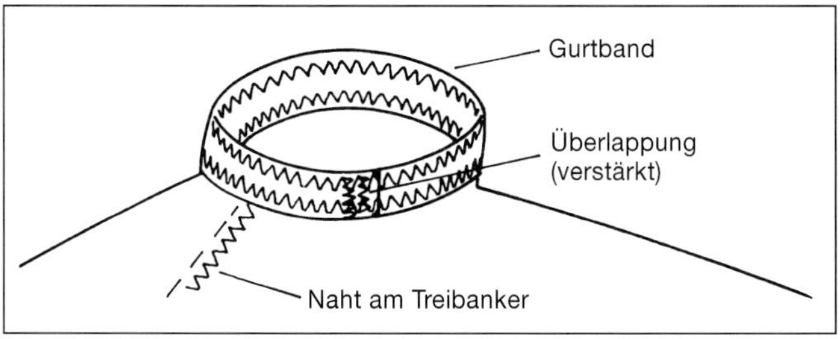

Abb. 92

Am anderen Ende des Treibankers in 3 cm Abstand vom Rand eine Linie anzeichnen. 5 cm breites Gurtband entlang dieser Linie mit 2 cm Überlappung an den Enden aufnähen. Überstehendes Gurtband nach innen einschlagen, anheften und an der Innenkante festnähen. Anschließend am Rand eine dritte Naht legen, so daß auf dem Gurtband von außen drei und von innen zwei Zickzacknähte zu erkennen sind (siehe Abb. 93).

Treibanker mit der Naht nach links oder rechts flach hinlegen und am Gurtband zwischen der äußeren und der mittleren Naht links und rechts je einen Punkt anzeichnen. Zwischen diesen Punkten auf beiden Seiten in gleichmäßigem Abstand je zwei weitere Punkte markieren und an diesen Stellen eine Öse Nr. 1 einsetzen, so daß sich insgesamt sechs Befestigungspunkte ergeben.

Umfang des Treibankers an der breiten Seite messen, Maß verdoppeln und 20 cm zugeben. Drei Enden aus geflochtener 6-mm-Leine auf diese Länge zuschneiden und in der Mitte zusammennähen.

Spitzkausch wie in Abb. 94 durch das Auge eines Wirbelschäkels führen. 6-mm-Enden durch das Auge so um die Kausch legen, daß sich die zusammengenähte Stelle am breitesten Ende befindet, und Enden an der Spitze der Kausch fest miteinander vernähen (siehe Abb. 95).

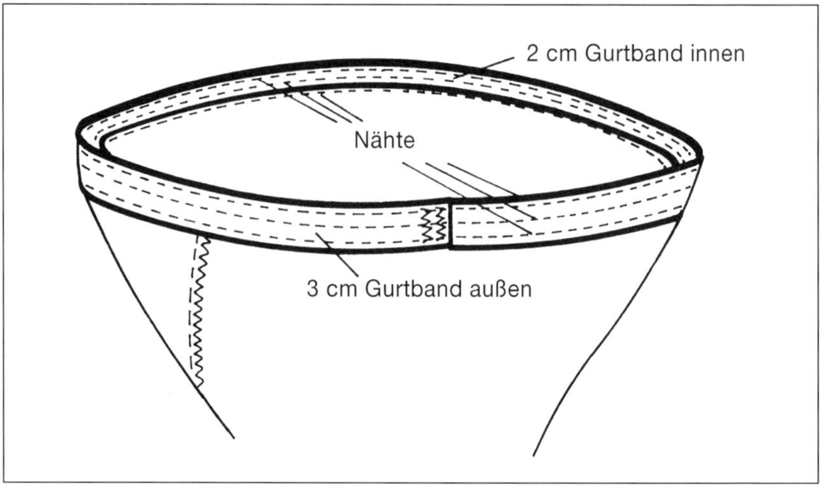

Abb. 93

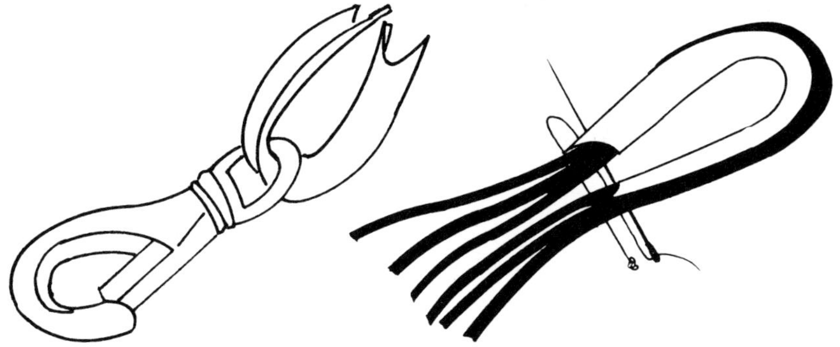

Abb. 94 und 95

Schäkel so einhängen, daß die Enden frei baumeln, und darauf achten, daß sie gleich lang und oben nicht verdreht sind. Enden mit Rundtörn und zwei halben Schlägen in den Ösen belegen und den freien Tampen über dem Knoten beibändseln (siehe Abb. 96).

Dieser Fallschirm-Treibanker ist ausgiebig auf See erprobt worden. Das in Abbildung 98 gezeigte Modell reduzierte dabei die Fahrt einer Carter 33, die sechs Knoten lief, binnen weniger Sekunden auf unter einen halben Knoten.

Eine Trippleine zum Einholen ist nicht zu empfehlen, weil sie mit der Ankerleine unklar kommen könnte. Stattdessen steckt man besser einen kleinen Fender (rot) oder eine orangefarbene Boje mit Hilfe einer 5 m langen 3-mm-Leine an das

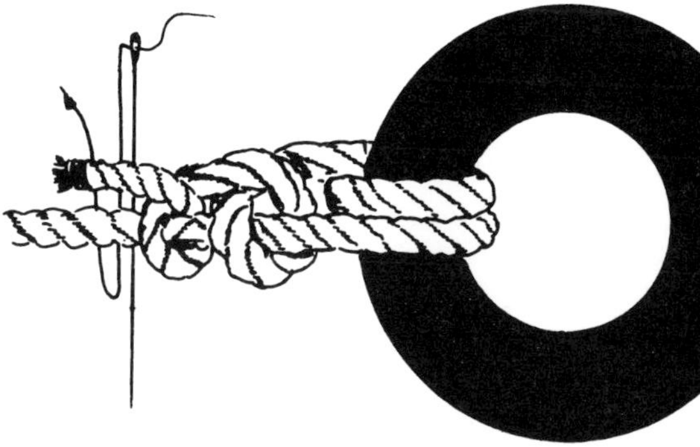

Abb. 96

schmale Ende des Treibankers, und zwar durch eine Öse im Verstärkungsflicken unmittelbar unter dem Gurtband. Wenn der Treibanker dann nicht eingeholt werden kann, wirft man die Ankerleine los und nimmt sie später mit dem Bootshaken auf. Daß Fender oder Boje mit der Ankerleine unklar kommen, ist wenig wahrscheinlich, da sie hinter dem Anker unter Wasser gezogen werden und erst wieder auftauchen, wenn der Zug nachläßt.
Bei einer sehr schweren Ankerleine empfiehlt es sich, vor dem Loswerfen auch am Bootsende einen Fender anzubringen.

Beutel für Treibanker

Treibanker längs falten und um die Leinen zusammenrollen. Länge und Umfang der Rolle messen. Mit diesen Maßen plus 5 cm Zugabe ein rechteckiges Stück Stoff zuschneiden, auf die Hälfte falten und an Längsseite sowie unten zusammennähen. Obere Kante 3 cm umschlagen und Saum bis auf 1 cm zunähen. Kordel einziehen (siehe Abb. 97).
Beutel mit der rechten Seite nach außen drehen, Enden der Kordel verknoten und »Treibanker« auf den Beutel schreiben.

Abb. 97

Notfender

Wenn das Boot längsseits am Steg liegt und eine Bö einfällt, kann es passieren, daß auch der teuerste aufblasbare Fender dem Druck nicht mehr gewachsen ist. Was soll jetzt dran glauben – der Rumpf oder ein Sitzkissen?
Schnelle Hilfe verspricht in diesem Fall ein in der Mitte geknicktes Sitzkissen mit einer durch den Knick verlaufenden Leine, das so in einen Segelsack gesteckt wird, daß die Enden der Leine heraushängen und an der Reling oder am Steg festgebunden werden können (allerdings dürften sowohl das Kissen als auch der Segelsack anschließend etwas mitgenommen aussehen).
Selbstgenähte Fenderkissen sind vielfach einsetzbar – als lose Cock-

Abb. 98: Treibanker mit Fender.

pitkissen, Rückenlehne an der Reling oder Kopfkissen beim Sonnenbaden – und trotzdem schnell bei der Hand, wenn ein Notfender gebraucht wird.

Als altem Schaumstoff oder verschlissenen Sitzkissen ein Rechteck zurechtschneiden, das doppelt so lang wie breit ist. Schaumstoff oder Kissen in der Mitte knicken, eine Leine durch den Knick führen und beide Seitenkanten durch den Schaumstoff zusammennähen. Leine oben mit annähen (siehe Abb. 99).

Mit einem entsprechenden Überzug halten solche Kissen länger und bieten auch besseren Schutz für den Rumpf.

Ein Stück altes Segeltuch 2 cm breiter als das Kissen und doppelt so lang plus 4 cm zurechtschneiden und auf die Hälfte falten. Die Seiten bis auf 2 cm an der Faltkante zusammennähen (siehe Abb. 100).

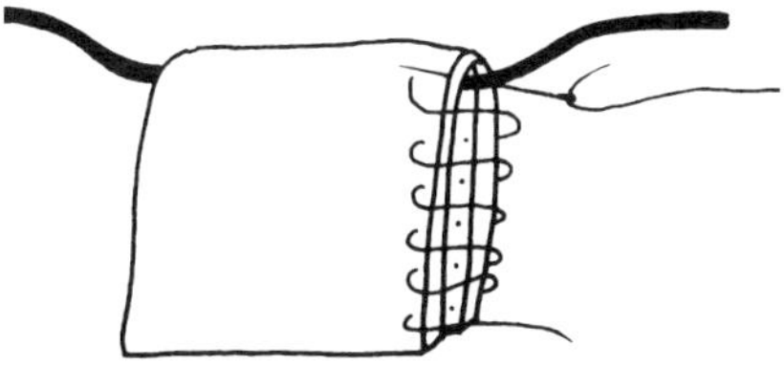

Abb. 99

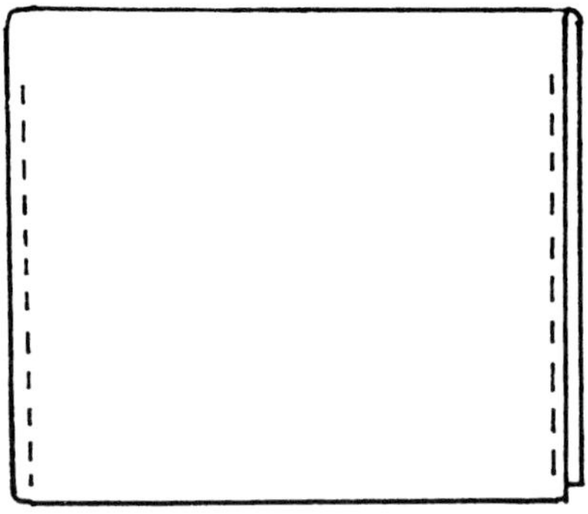

Abb. 100

Stoff nach außen wenden, über das Schaumstoffkissen ziehen und die Leine durch die Öffnungen ziehen. Unterkante lose vernähen.
Kissen nicht am Boot, sondern am Steg anbringen, damit der Rumpf geschützt ist, wie sehr das Boot sich auch bewegen mag.

Fender selbst gemacht

Fender sind auf jedem Boot eine teure Notwendigkeit, und zwar besonders in der Marina, wo das Boot ohne diesen Schutz die Nachbarboote oder den Steg beschädigt bzw. von diesen beschädigt wird. Es ist immer wieder schlimm anzusehen, wenn die teuren Fender in den Winterstürmen Löcher bekommen und die Luft verlieren, von den entsprechenden Schäden am Rumpf ganz zu schweigen. Aber auch hier gibt es eine billige Alternative.
In den meisten Marinas werden in der Wintersaison in einigen Booten die Sitzkissen und Matratzen erneuert und die alten weggeworfen, obwohl sie durchaus noch zu anderen Zwecken zu gebrauchen sind. Der Zustand ist unwichtig, aber je dicker der Schaumstoff, desto besser. Ideal sind Matratzen mit 2 m Länge, 75 - 100 cm Breite und 8 - 10 cm Dicke.
Sitzkissen aus dem Salon sind in der Regel ausreichend rechtwinklig, aber auch die an einem Ende breiteren Liegematratzen aus den Schlafkojen eignen sich unter der Voraussetzung, daß vorstehende Kanten abgeschnitten werden können, so daß beide Seiten etwa das gleiche Profil aufweisen (siehe Abb. 101).
Benötigt werden nur der Schaumstoff, eine Leine (alte Festmacherleine oder Schot), die fünf Mal so

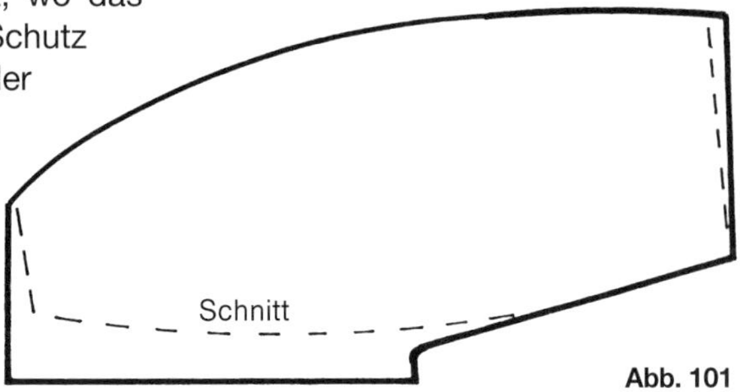

Abb. 101

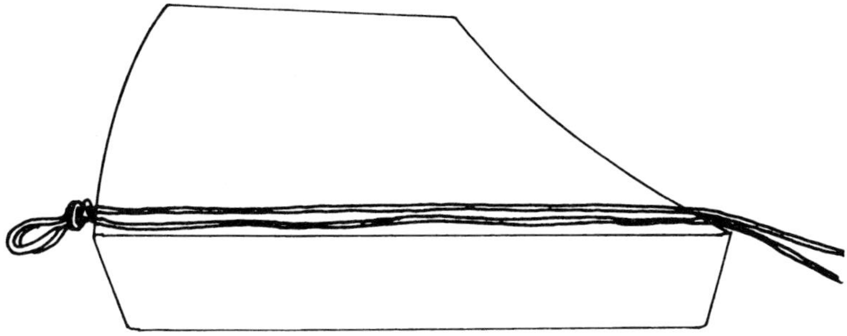

Abb. 102

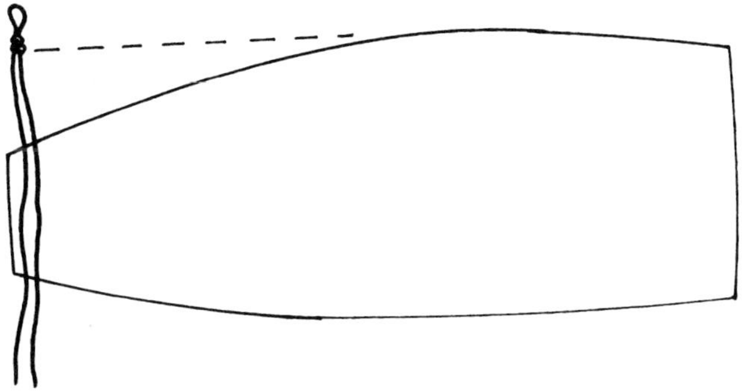

Abb. 103

lang ist wie die breiteste Stelle des Schaumstoffs, ein Stück Plastikfolie, etwa 80 cm breiter und länger als der Schaumstoff, Isolierband und billiger Stoff für den Bezug.
Leine doppelt nehmen und in der Mitte mit einem einfachen Knoten ein Auge bilden. Wenn der Schaumstoff rechtwinklig ist, Leine an einem Ende über die Breite legen (siehe Abb. 102)
Bei einer unterschiedlich breiten Matratze die Leine so über das schmale Ende legen, daß der Knoten sich auf einer Linie mit dem breiteren Ende befindet (siehe Abb. 103).
Schaumstoff fest um die Leine zusammenrollen und an den Enden sowie in der Mitte mit Isolierband umwickeln. Die freien Enden der Leine unten an der Rolle verknoten, auf beiden Seiten nach oben unter dem Auge durch und wieder nach unten führen (siehe Abb. 104).
Enden unten mit einem Kreuzknoten verbinden und Rest der Leine in die Rolle stopfen.

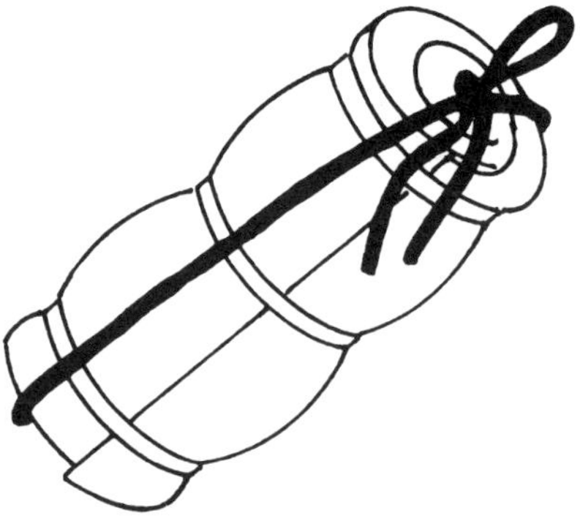

Abb. 104

Schaumstoffrolle mit gleichem Abstand nach links und rechts auf das eine Ende der Plastikfolie legen und fest einrollen. Folie in der Mitte sowie oben und unten über der Schaumstoffrolle mit Isolierband umwickeln.

Oben am Fender die Folie unmittelbar unter dem Knoten raffen und mit gewachstem Garn in einem festen doppelten Webeleinstek feststekken, damit kein Regenwasser eindringen kann.

Folie an der Unterseite des Fenders wie Papier an einem Flaschenboden einschlagen, mehrfach mit Isolierband umwickeln und ein paar Mal einstechen. Dadurch kann der Schaumstoff zwar Wasser aufnehmen, aber eingedrungenes Wasser läuft auch schneller wieder ab.

Abb. 105: Leine mit Auge auf einer alten Matratze.

Abb. 106: Schaumstoff fest zusammengerollt in der Plastikfolie. Die Enden verlaufen unter der Folie außen am Schaumstoff.

Abb. 107: Jetzt braucht nur noch die Plastikfolie unten befestigt zu werden, bevor der Bezug übergezogen wird.

Fenderbezüge

Um die Haltbarkeit der Fender zu verlängern und den Rumpf des Bootes zu schonen, empfehlen sich abnehmbare und waschbare Fenderbezüge. Diese Bezüge brauchen nicht aus teurem Material zu bestehen, da sie früher oder später doch Schaden nehmen. Ein neuer Bezug kommt viel billiger als ein neuer Fender.

Die Bezüge müssen leicht abzunehmen und auszuspülen sein, da sich im Stoff Salz und Staub ansammeln, die an der Bordwand wie Schmirgelleinen wirken.

Material

Altes Segeltuch aus Kunstfaser
Falls das Tuch nicht sehr leicht oder abgenutzt und geschmeidig ist (dann reißt es allerdings schnell), ist es steif und umständlich zu handhaben, und zwar speziell beim Zuziehen der Kordeln an beiden Enden. Segeltuch besser zum Flicken der Segel aufbewahren.

Segeltuch aus Naturfaser
Wenn dieses Tuch fest und schwer genug ist, um längere Zeit zu halten, macht es die gleichen Probleme wie Segeltuch aus Kunstfaser.

Acryl
Acryl ist teuer – zu gut für diesen Zweck und nicht besser als andere Stoffe.

Stretchfrottee
In den meisten Stoffgeschäften gibt es »Rollenendstücke« und Reste für weniger als den halben Preis.

Baumwoll-Stretchjersey (T-Shirt-Stoff)
Dieses Material gibt es gelegentlich in Schlauchform von der Rolle. Es hat den Vorteil, daß es auf praktisch

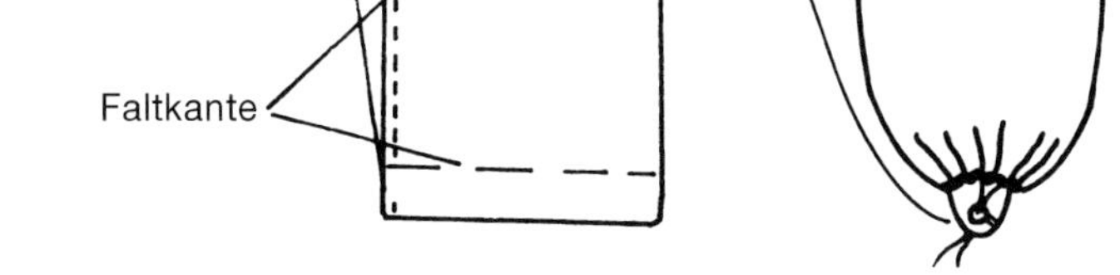

Abb. 108

Abb. 109: Selbstgemachter Fender mit Bezug.

jede Fendergröße gedehnt werden kann, ist gleichzeitig aber recht dünn und schlecht mit der Maschine zu nähen.

Bei normalen länglichen Fendern den Umfang und den Abstand zwischen Oberkante des Auges und Unterkante messen. Ein rechteckiges Stück Stoff mit diesen Maßen plus 2 cm Zugabe auf den Umfang zurechtschneiden. Stoff an den Längskanten zusammennähen, dabei oben und unten ein Stückchen frei lassen (siehe Abb. 108). Ober- und Unterkante zum Saum umnähen, Kordel einziehen und Enden im Auge belegen oder verknoten.

Weitere Ideen

Wer – wie viele Fahrtensegler – sparen muß, weil er nur über begrenzte Mittel verfügt, und seine Fender trotzdem schützen will, für den kommen auch die folgenden Möglichkeiten in Frage:

Abb. 110: Selbstgenähter Bezug auf handelsüblichem Fender.

Ausgemusterte Jogging- oder Stretchhosen
Für kleine Fender unterhalb des Knies abschneiden, eine Kordel in den vorhandenen Saum einziehen und die Oberkante zum Saum für die andere Kordel umschlagen und annähen. Für größere Fender die Oberschenkel verwenden. Dabei müssen dann beide Kanten zum Saum umgenäht werden.

Abgeschnittene Jeans
Wenn die Knie durchgescheuert sind und die Jeans zu Shorts umgenäht werden sollen, Beinteile aufbewahren. Wenn die Fender zu dick dafür sind, Beinteile an der Innen-

naht auftrennen und (passend zum Umfang des Fenders) zusammennähen. Oberkante zum Saum umschlagen, auf die richtige Länge abschneiden und Unterkante ebenfalls umsäumen.

Alte T-Shirts

Bedruckte Seite nach innen kehren und vom Hals (Saum für die obere Kordel) nach unten hin abnähen (siehe Abb. 111).

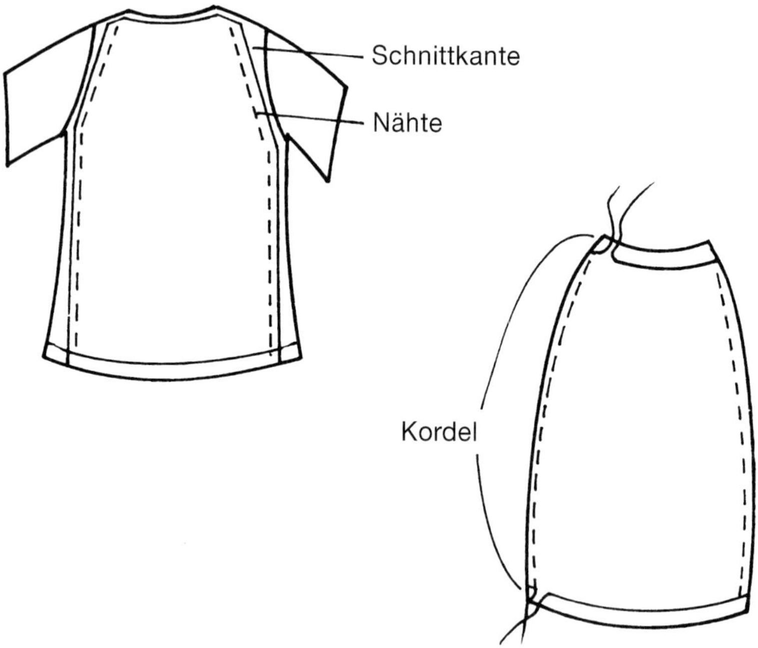

Abb. 111: Bedruckte Seite nach innen kehren. Der »Hals« des T-Shirts bildet das obere Ende des Bezugs.

Stichwortverzeichnis